Kostantin D. Swrakoff

Der Einfluss der zeitgenössischen Philosophie

Kostantin D. Swrakoff

Der Einfluss der zeitgenössischen Philosophie

ISBN/EAN: 9783742813299

Hergestellt in Europa, USA, Kanada, Australien, Japan

Cover: Foto ©Klaus-Uwe Gerhardt /pixelio.de

Manufactured and distributed by brebook publishing software
(www.brebook.com)

Kostantin D. Swrakoff

Der Einfluss der zeitgenössischen Philosophie

Der Einfluss der zeitgenössischen Philosophie auf Basedows Pädagogik.

Inaugural-Dissertation

zur Erlangung

der

philosophischen Doktorwürde

vorgelegt der

Hohen philosophischen Fakultät der Ludewigs - Universität Giessen

von

Kostantin D. Swrakoff

aus Küstendil (Bulgarien).

Giessen 1898
Brühl'sche Univ.-Buch- und Steindruckerei (Pietsch Erben).

Vita.

Ich, Kostantin D. Swrakoff, bin geboren am 29. März 1872 in Küstendil (Bulgarien). Die Elementarschule, Mittelschule und die höhere Lehranstalt habe ich in Küstendil besucht. Nach der Absolvierung der letztgenannten Schule wurde ich als Volksschullehrer an der Vorschule bei derselben Anstalt angestellt, wo ich vier Jahre lang thätig war. Anfang Wintersemester 1894 kam ich nach Jena und ließ mich als stud. philos. et pädag. inscribieren. Hier hörte ich die Vorlesungen der Herren Professoren Binswanger, Detmer, Erhardt, Eucker, Gärtner, Liebmann, Rein, H. Stoy, Walther, Zichen. Im Wintersemester 1896 begab ich mich zur Fortsetzung meines Studiums nach Weisung des bulgarischen Cultusministeriums nach Gießen, wo ich Vorlesungen bei den Herren Professoren Behaghel, Groos, Kettenbach, Oncken, Schiller, Siebeck, Sievers hörte und an den Übungen des Großh. Pädagogischen Seminars teilnahm. Allen meinen Lehrern spreche ich hierdurch meinen innigen Dank aus.

Kostantin D. Swrakoff.

Quellenverzeichnis.

A. Pinloche.	Geschichte des Philanthropismus, 1896.
Dr. K. Schmidt.	Geschichte der Pädagogik, 3. Aufl. 1875.
K. A. Schmid.	Geschichte der Erziehung, 1897.
H. Schiller.	Geschichte der Pädagogik, 3. Aufl., 1894.
K. v. Raumer.	Geschichte der Pädagogik, 4. Aufl., 1874.
J. Paroz.	Geschichte der Pädagogik (Bulgarische Uebersetzung).
Dr. H. Höffding.	Geschichte der neueren Philosophie.
Ed. Zeller.	Geschichte der deutschen Philosophie seit Leibniz.
Kommensky.	Ausgewählte Schriften (Russische Uebersetzung 1893)
Schmidt.	Encyclopädie des gesamten Erziehungs- u.Unterrichtswesens.
W. Rein.	Encyclopädisches Handbuch der Pädagogik.
Schlosser.	Geschichte des 18. Jahrhunderts 3. Aufl. II. III. u. IV. Band.
K. Göring.	Basedows ausgewählte Schriften, 1880.
Rathmann.	Beiträge zur Lebensgeschichte Basedows, 1791. ·
R. Distelmann.	J. B. Basedow, 1897.
Hahn, G. P. R.	Basedow und sein Verhältniss zu Rousseau, 1885.
C. Gössgen.	Rousseau und Basedow, 1891.
P. Gabroviciany.	Die Didaktik Basedows in Vergl. zur Didak. Comenius.
J. Keller.	Zwölfter Jahresbericht über den Töchterunterricht in Aarau, 1885.
Th. Ziegler.	Recension über Gössgens Diss. in Deut. litt. Zeitung XII 15.
La Chalotais.	Versuch über nationale Erziehung, übersetzt von Schlözer. Göttingen, 1771.
Schlözer.	Vorrede zu seiner Uebersetzung.
Basedow:	a. Praktische Philosophie für alle Stände, 1758.
	b. Philalethie. 2. Bände 1764, Altona.
	c. Vorstellung am Menschenfreunde 1768, Hamburg.
	d. Vierteljährige Nachrichten von Basedows Elem.-Werk, 1:6 Stück 1771—73.
	e. Elementarwerk, 1774.
	f. Für Kosmopoliten etwas zu lesen etz., 1770.
	g. Methodenbuch, 1770, Altona und Bremen.
	h. Praktische Philosophie, 1777, Leipzig.
E. G. Neundorf.	Nachricht von der gegenwärtigen Verfassung des Erziehungs-Instituts zu Dessau, 1785. Allgemeine deutsche Biographie.
Dr. Th. Lïen.	Vorrede zu seiner Uebersetzung von Komensky. Opera didactica omnia.
K. Kehrbach.	Deutsche Sprache und Litteratur vom Philanthropin in Dessau (1775—1793) Mitt. der Ges. für Deutsche Erz.- und Schulgeschichte VII. 4.
E. Künold.	Carodeux de la chalotais und sein Verhältnis zu Basedow, 1897.

Der Einfluss der zeitgenössischen Philosophie auf Basedows Pädagogik.

I.

Vorbemerkungen.

Es ist eine häufige Erscheinung in der Geschichte der Wissenschaft, dafs philosophische Schulen bei längerer Dauer ihre streng wissenschaftliche Haltung und ihre feste Geschlossenheit mehr und mehr aufgeben, sich mit andern vermischen, sich allmählich in die allgemeine Bildung ihres Zeitalters verlieren, und dass der menschliche Geist, des Vorhandenen satt, seine ursprüngliche Kraft einsetzt und aus dieser unversieglichen Quelle seine Bildung erneuert. Ein solcher Wendepunkt trat mit der Befreiung der Wissenschaft von der Kirche ein, die bekanntlich im Mittelalter als einzige Trägerin aller geistigen Interessen erschien. Diesen Umschwung führte nach dem kläglichen Scheitern der Scholastik der Humanismus herbei. Durch die nach Italien geflüchteten griechischen Gelehrten änderte sich jetzt alles. Die klassische Litteratur, die bisher teilweise oder ganz vergessen war, gelangte wieder zu Ansehen, und das Studium der griechischen und römischen Welt, ihre Philosophie und Kultur sollte die mittelalterliche christliche Weltanschauung, die nun nicht mehr genügte, ersetzen. So begann ein Kampf zwischen der starren Scholastik, die seither alles in ihren Bannkreis gefesselt hatte, und der neuen humanistischen Richtung um Freiheit der Forschung und Wahrhaftigkeit. Für die Kirche lag im Resultate des Kampfes eine grofse Gefahr. Sie durfte der Wissenschaft den Weg der Forschung nicht mehr vorschreiben, das Ansehen des Dogmas war erschüttert worden, und die individuelle Überzeugung brach sich unaufhaltsam Bahn. Die Folge davon war, dafs das religiöse Bedürfnifs an Stärke verlor, und sich das Volk gleichgültig gegenüber den Interessen der Kirche zeigte. Es begann zu zweifeln, dafs diese allein den Heilsweg erschliefsen könne, und das Individuum beanspruchte sein Recht. Nach dem Humanismus kam die Reformation, welche ein frisches Leben in allen Ständen mit sich brachte und den aufgenommenen Kampf gegen die Scholastik für die Unabhängigkeit der Wissenschaft, des Staates und der Litteratur von der kirchlichen Hierarchie beendigte. Doch der Sieg des Rechtes des Individuums wurde noch einmal durch die Jesuiten erschwert, welche der individualistischen Entwickelung Freiheit weder gestatten wollten, noch konnten. „Die Jesuiten waren klug genug, einzusehen, dafs es zu jenen Zeiten die Hauptsache war, sich der leitenden Stände zu versichern; darum hat sich ihre Thätigkeit erst spät den Massen zugewandt. . . . Die Bildung der leitenden Stände gelangte in den romanischen Ländern rasch gänzlich in ihre Hand; in Deutschland und Österreich breiteten sich die Jesuitenschulen unwiderstehlich aus", (Schiller: Geschichte der Pädagogik; S. 126), und so wurde in allen nicht reformierten Ländern das Schulwesen, am Ende des 16. Jahrhunderts, da es ganz in jesuitische Hände gefallen war, nicht so allgemein gefördert und gehoben, wie es in den reformierten Ländern, namentlich in Deutschland, der Fall war. Die Kirchenreformatoren haben die Schulen nicht unbeeinflufst gelassen. Man gründete öffentliche Lateinschulen, welche mit ihren Einrichtungen in den folgenden Jahrhunderten allen ähnlichen Erziehungsanstalten in Deutschland als Muster dienten. Johannes Sturm versuchte sogar Römer aus seinen Schülern zu machen. Doch das Werk der gröfsten Pädagogen jener Zeit: Melanchthons, Trotzendorfs, Sturms und anderer blieb in dem Zustand, in welchem sie es hinterlassen hatten. „Weder in protestantischen, noch in katholischen Ländern erlaubte die orthodoxe Tyrannei, starrer geworden als je, nach dem dreissigjährigen Kriege, dafs man an das vorhandene die Hand legte." (A. Pinloche: Geschichte des Philantropismus; S. 4.) Der ganze Unterricht bestand im blofsen Auswendiglernen, Hersagen und Diktieren von Vokabeln, Formen und meist religiösen Texten. Das höchste Ziel der protestantischen höheren Schulen war, gute Theologen zu bilden. „Gelehrsamkeit und Erziehungs-

kunst", bemerkt Dilthey, „waren unbedeutende und lästige
Accidentien der Theologie. Wer seinen theologischen Cursum
auf Universität absolvirt und ein paar Mal leidlich gepredigt
hatte, mufste schon darum auch zum Lehramt tüchtig sein."
So blieb es nicht weniger als zwei Jahrhunderte. Den
ersten Anstofs zu einer allgemeinen Besserung des Schulwesens
gaben die Pietisten. Die kräftige Entwickelung der Francke-
schen Anstalten beruhte aber lediglich auf der persönlichen
Tüchtigkeit ihres Stifters, und mit seinem Tode hörte nicht
nur jeder Fortschritt auf, sondern diese gerieten sogar in
Verfall. Eine Reform zeigte sich so auf allen Stufen des Er-
ziehungs- und Unterrichtswesens als notwendig, und diese Notwendigkeit konnte unmöglich den aufgeklärten Geistern jener
Zeit entgehen. Die Besserung auf diesem Gebiet erfolgte vor-
wiegend unter Einwirkung der Ideen, die aus Frankreich kamen.
„Was seit Ludwig XIV. in allen Gebieten des öffentlichen
Lebens sich geltend machte, das zeigte sich hier auch auf dem
Gebiete des Unterrichts." (Schmid: Geschichte der Erziehung,
IV B. S. 406.) Nach der geistigen und politischen Reaction,
unter der Regierung des Sonnen-Königs, wurde während der
politischen Wirren unter seinen Nachfolgern das durch den
verschwenderischen Hof beraubte und ausgesogene Volk der
Krone immer mehr entfremdet und abgeneigt. In den mittleren
und untersten Volksklassen gährte es, und republikanische Gedanken über die Stellung und Würde des Königs verbreiteten
sich immer mehr. Staat und Kirche konnten bei den bestehenden Verhältnissen nichts mehr leisten. Sie waren lebensunfähig.
Auch die sittlichen Zustände in Familie und Gesellschaft er-
schienen sehr bedenklich. „Jetzt," bemerkt Hegel, „können
die Heuchelei, die Frömmigkeit, die Tyrannei, die sich ihres
Raubes beraubt sieht, der Schwachsinn sagen, die Franzosen
haben die Religion, Staat und Sitten angegriffen, welche Religion? Nicht die durch Luther gereinigte, — der schmäh-
lichste Aberglaube, Pfaffentum, Dummheit, Verworfenheit der
Gesinnung, vornehmlich das Reichtumverprassen und Schwelgen
in zeitlichen Gütern beim öffentlichen Elend! Welcher Staat!
Die blindeste Herrschaft der Minister und ihrer Dirnen, Weiber,
Kammerdiener etc." (K. Schmidt: Geschichte der Pädagogik.
3, 518.) Es war kein Wunder, dafs sich gegen diese un-
haltbaren Zustände in der Litteratur laute Stimmen erhoben.

Voltaire und Montesquieu waren eigentlich die bedeutendsten
derjenigen, die den freien Geist aus England in ihre Heimat
mitgebracht hatten. Durch ihre Polemik gegen die geltenden
Dogmen, den herrschenden Glauben und die Zustände in
Kirche, Staat und Gesellschaft schufen sie eine Opposition, die
allmählich an Ausdehnung gewann. Die geistige Emancipation
blieb nicht ohne Einfluss auf das sociale Leben, und der Ruf
nach „Freiheit und Zwanglosigkeit" war im Munde der Ge-
drückten nur natürlich. Ein Umsturz in den Anschauungen
und Begriffen zeigte sich überall und am deutlichsten darin,
dafs man an Stelle der sittlichen Selbstbestimmung die Laune
des Gefühls setzte. Da erschien im Jahre 1762 Rousseaus
„Emile". Der Erzbischof von Paris verdammte das Werk, die
regierenden Kreise befahlen die Verhaftung des Verfassers; das
genügte als beste Reklame, um das Werk sofort populär zu
machen. Emil erregte überall in kurzer Zeit das gröfste Auf-
sehen. Das Heilmittel für die offene Wunde des französischen
Volkes schien gefunden!

Rousseau begann mit praktischen Reformen. Er unternahm es, das Recht des unmittelbaren Gefühls, das Recht der
individuellen Stimmung, der Natur gegen Kultur und Reflexion,
das Recht der individuellen Persönlichkeit, des inneren Erkennens und der Erfahrung gegen jede Art Aristokratie und
Verfeinerung zu verteidigen. Er predigte Natur, Freiheit und
Krieg gegen die verknöchernde Tradition. Und wie er sich
die Erziehung eines Menschen zu reiner Natürlichkeit dachte,
davon handelte er im „Emile". Hierdurch ist Rousseau, der
selbst nicht erzogen, die Erziehung seiner Kinder fremden
Leuten überlassen hat, wie mit einem Schlag ein berühmter
Erzieher geworden. Rousseaus Bedeutung für die Pädagogik
besteht nicht darin, dafs er ein neues pädagogisches System
aufstellte, sondern darin, dafs er die allgemeine Aufmerksamkeit auf die Erziehung zu lenken vermochte. Das Wesen der
Erziehung und des Unterrichts wurde ein Gegenstand der
gröfsten Beachtung. Eine lebhafte Bewegung erhob sich für
das Bildungsrecht des Volkes, denn „auf den Staat, auf den
gröfsten Teil der Nation," wie la Chalotais, in seinem Essai
d'éducation nationale 1763 schreibt, „mufs man bei der Erziehung hauptsächlich Rücksicht nehmen. Zwanzig Millionen
Menschen müssen wichtiger sein, als eine Million, und die

Bauern, welche in Frankreich noch keinen Reichsstand, wie in Schweden ausmachen, dürfen in einer Institution nicht vergessen werden." (La Chalotais: Versuch über nationale Erziehung, übersetzt von Schlözer; S. 44.) Viel mehr als in Frankreich hat der Emil in Deutschland gewirkt. Der Boden dafür war sehr günstig, und die damals herrschende Wolfische Philosophie hatte, bei allen Gegensätzen, auch verwandte Züge mit der neuen Sturm- und Drangperiode. „Beide besitzen ein bedeutendes Teil Sentimentalität, Enthusiasmus für menschliche Vollkommenheit und Glückseligkeit und beide verlangen die Achtung des Rechtes des Individuums." (Schiller: Geschichte der Pädagogik; S. 251.)

Die Philosophie der Aufklärung in Deutschland war im 18. Jahrhundert auffallend verbreitet. Mit Friedrich II. und Joseph II. bestieg sie sogar den Thron, und mit ihrer Forderung des klaren und deutlichen auf Vernunft gegründeten Erkennens herrschte sie, bis sie der von Kant begründeten „Kritischen Philosophie" den Platz räumen musste. Die neue Philosophie versuchte das Erkenntnisproblem durch das Vermögen des menschlischen Verstandes zu erklären. Das Denken ist allein die wahre Erkenntnis, und wahre Erkenntnisse sind erreichbar nur durch das strenge Denken. Der Mensch ist jetzt das Hauptproblem der Philosophie geworden. Er sollte aus seiner selbstverschuldeten Unmündigkeit treten und das individuelle Recht geniefsen. Das letzte Ziel unseres Handelns soll die menschliche Glückseligkeit sein, deren Wert ganz und gar von dem Verstande als einzigem Richter alles Erkennens und Thuns nach dem Nutzen bemessen wird. Nach der Einsicht der Vernunft sind das Glück und die Tugend nicht zu trennen. Dieser charakteristische Zug: die Glückseligkeit der Menschen und der individuelle Nutzen des Handelns, tritt sogar auf dem Gebiete des praktischen Lebens in den Vordergrund. Als ethische Maxime der Nützlichkeit war wieder der Verstand als für alles leistungsfähig eingesetzt. Der Aberglaube verschwand, ohne dafs damit der vernünftige Glaube an eine Gottheit in Abrede gestellt wurde. Das Streben nach dauernder Freude ist kräftig geworden, da man nur in ihr sein eigenes Wohl, Vollkommenheit und Sicherheit findet, und so, betont Zeller, entstand in der zweiten Hälfte des 18. Jahrhunderts, aus der Mischung der verschiedenen in der Zeitphilosophie gegebenen Elemente, jene

Denkweise, die man, soweit sie sich in der Form wissenschaft-
licher Reflexion darstellt, in dem engeren Sinne der Philosophie
die deutsche Aufklärung zu nennen pflegt. In Wolfs klarem
und übersichtlichen, im Wesentlichen auf Leibniz beruhenden
Lehrgebäude erreichte diese Philosophie ihren Gipfel. Aber
diese Glückseligkeitsphilosophie konnte alle tiefer angelegten
Naturen auf die Dauer nicht befriedigen, und wenn die nüch-
terne Betrachtung des Bestehenden oft entmutigend wirkte, so
mußte um so stärker der, wenn auch unausgesprochene Drang
nach Neuerem, Besseren erwachen. Wie auf allen Gebieten,
so auch auf dem der Schule. Über die Unzweckmäfsigkeit, ja
Verwerflichkeit des ganzen vorhandenen Schulapparates nach
Methode, Lehrern, Lehrmitteln und Erfolgen war man in aufgeklärten Kreisen vollkommen einig. Wie sollte aber eine
Besserung erfolgen? Wo war der kühne, tüchtige Bahnbrecher?
Denn dazu gehörte „nicht eine langsame Reform, sondern eine
schnelle Revolution, nichts weiter," fährt der Königsberger
Denker fort, „als nur eine Schule, die nach der echten Methode
von Grund aus neu angeordnet, von aufgeklärten Männern
nicht mit lohnsüchtigem, sondern edelmütigem Eifer bearbeitet
würde." Dieser Bahnbrecher war Johann Bernhard Basedow,
der Stifter des Philanthropismus. Klug genug umfaßte Basedow mit seinem praktischen Geist alles das, was die Philosophie
jener Zeit bot, und versuchte dem Gesammelten eine einheit-
liche Richtung zu geben. Mit dem Feuereifer eines Apostels,
ohne jede Ruhe und Ermüdung, that er mit Worten und
Schriften alles, um sein Ziel zu erreichen. „Herr Basedow
scheut sich nicht," sagt sogar sein Gegner Schlözer, „mit dem
Hute unter dem Arm und mit seiner Vorstellung in der Hand,
vor alle Grofsen und Reichen in Deutschland demütig hin-
zutreten und sie um Beitrag zu ersuchen." (Schlözer's Übersetzung von La Chalotais; S. 48.) Hier erinnern wir uns an
Lavaters Worte „an Professor Basedow in Altona, als er unter
der Last der Arbeit bei seinem Elementarwerke seufzte":

„Sinke nicht unter der Last der Geist zerreifsenden Arbeit,
Völkererleuchter und Held!
Vater der Väter und Mütter und Freund der blühenden Jugend!
Männlich vollende den Lauf!
Trage noch weiter sie fort, die lichtverbreitende Fackel,
Durch den dämmernden Pfad!

und etwas weiter unten:

Dafs vom Fufse der Alpen, bis fern an Russiens Grenze
Leucht' und erwärme dein Licht!"

Als Philosoph überschätzte Basedow seine philosophischen
Kräfte. Aber wenn wir die Geschichte des Philanthropismus
genauer betrachten, so sehen wir, dafs ein solcher Mann, dessen
Thaten und Schriften so bedeutende Leute, wie Kant, Klopstock, Iselin, Goethe, Mendelssohn, Lavater, Schlosser, verschiedene Fürsten und Herrscher interessierten, über dessen
Schriften die besten Zeitschriften jener Zeit, wie „die allgemeine deutsche Bibliothek" in Berlin so günstig urteilten,
seiner Zeit etwas Neues und Wertvolles geboten haben muss.
Und wenn er nichts weiter gethan hätte, als geschickt und
klug die durch Rousseaus „Emile" verursachte Strömung zu
benutzen, oder wenigstens die allgemeinen Ideen, welche noch
zerstreut waren, zu systematisieren und auszuführen, so hätte
er damit genug gethan, um eine hervorragende Stelle in der
Geschichte der Pädagogik sich zu erwerben.

Basedows Herz war gefühlvoll; aber geboren und auf-
gewachsen in Verhältnissen, die ihm keine gute Erziehung
geben konnten, blieb er bis zum Grab eine unruhige, abnorme
Natur. Ihm fehlte die nötige Geduld und Beharrlichkeit, um
in Schwierigkeiten auszuhalten und seine Pläne zu gehöriger
Reife zu bringen. Dafür aber arbeitete er freiwillig und mit
Leidenschaft. Mit dem edlen Eifer, gemeinnützig zu werden,
verband er noch die Wahrheitsliebe. „Soll ich mich schämen,
Irrtümer zu bekennen, wenn das Bekennen auch nur einem
einzigen Menschen nützen könnte", sagt er selbst. Und wirklich sind infolge seines Feuers, seiner Unruhe und Heftigkeit
solche Bekenntnisse nicht selten in seinen Schriften. Bei ihm
fehlt jede strenge Methode des Forschens, und er hat auch
nicht eigene Ideen in die Erziehung gebracht, aber „Basedow
besafs," betont Iselin, „einen pädagogischen Eifer, der immer
anerkennenswert bleiben wird, und dazu deutliche Einsicht in
die Mängel des damaligen Erziehungswesens. Er hat mit ur-
sprünglicher Begeisterung gearbeitet und, von seiner lebhaften
Phantasie verleitet, über dem poetischen Ruf: „es werde!" vergessen, dafs er nicht fähig sei, alle Mittel zur Verwirklichung
seiner Idee zu beschaffen, dafs Eifersucht und Unwissenheit
ihm hindernd in den Weg treten werden, dafs es zwei Dinge

seien: einen schönen Plan machen und ihn gut ausführen.
Und neben manchen Thorheiten ist von ihm doch auch manches
Gute geschaffen und angeregt worden, was erst in der Folge
sich gezeigt hat." (J. Keller: Zwölfter Jahresbericht über das
Töchterinstitut in Aarau; S. 39.)

Wenn Basedow, als „eine historische Notwendigkeit seiner
Zeit", so glücklich war, der durch Rousseaus „Emile" hervorgerufenen Gährung eine passende Richtung zu geben und mit
seiner praktischen Thätigkeit an deren Spitze zu treten, ist es
noch nicht gesagt, dass er seine Hauptideen aus Rousseaus
„Emile" entlehnt hat. Rousseaus Einfluſs auf Basedow ist nicht
zu leugnen, denselben leugnet Basedow auch selbst nicht, aber
deshalb ist ihm noch nicht eine Stellung in der Geschichte
der menschlichen Entwickelung abzustreiten. Rousseau und
die Philanthropisten haben wirklich gewisse Grundsätze gemein-
sam, aber daſs Basedow direkt von Rousseau, dessen Bedeutung
als pädagogischer Schriftsteller heutzutage vielfach über-
schätzt wird, seine Fundamente genommen habe, ist völlig ausgeschlossen. Die Rousseau'sche Pädagogik geht zurück auf
Locke, Michel de Montaigne und andere, und auch Basedow
sind Locke, Montaigne, la Chalotais, Komensky, Vives, Quin-
tilian gut bekannt gewesen. „Ich kenne, sagt er, die Werke
des Beaumont, das Reccard'sche Lehrbuch, die Sachen der
Berliner Realschule und des Komenius. Die verschiedenen
Grade ihrer Verdienste sind sichtbar und mir nicht unnütz."
(Zitiert von Hahn: Basedow und sein Verhältnis zu Rousseau;
S. 80.) Locke, la Chalotais, Komensky zitiert er nicht selten,
Martin Ehlers *) hat er benützt, und es ist sehr richtig,
wenn Basedows Genosse, Meier, sagt: „Basedow hatte einige
ältere und neuere Schriften soweit gelesen und studiert,
dass er den Stoff und die Anlage eines groſsen Teils seiner
Bücher daraus herausgenommen hat." Es wäre übrigens,
auch wenn Basedow die genannten Schriftsteller nicht gekannt hätte, an und für sich nicht unmöglich, dass er auf
dieselben Ideen kam wie sie. Kamen z. B. nicht auf dem
Gebiete der Naturwissenschaft Kant und Laplace, ganz un-
abhängig von einander, zu denselben Resultaten über den
Ursprung unseres Planeten - Systems? Hat Schlözer, Base-

---

*) Dies hat Em. Künoldt, Caradeux de la Chalotais und sein Ver-
hältnis zu Basedow, Oldenb. u. Leipz. 1897, S. 55 ff., erwiesen.

dows Gegner, wenn man ihm glauben kann, nicht Dutzende Elementarbücher geschrieben, ehe er diesen Namen von la Chalotais und Basedow gehört hatte? Oder ist eine gleichzeitige Fassung ähnlicher Gedanken durch verschiedene Personen in Bezug auf einen Gegenstand ohne gegenseitige Beeinflussung unmöglich? Nein! Eine solche Behauptung scheint uns lächerlich. „Die geistigen Ideen liegen manchmal wie Erfindungen gleichsam in der Luft, und was unausgesprochen eine Zeit lang auf mancher Lippe lag, kann dann sehr wohl mehr oder minder gleichzeitig und gleichartig von mehreren zu Tage gefördert werden.“ (Diestelmann: Basedow; S. 37.) Basedows Thätigkeit erstreckte sich auf alle Zweige der Wissenschaft. Er liefs kein Gebiet unberührt. Basedow las, schrieb und arbeitete viel, nicht weniger ist aber auch über ihn geschrieben worden, doch der Wert und die Bedeutung seiner Schriften und Thätigkeit überhaupt sind von verschiedenen Schriftstellern und Philosophen verschieden beurteilt worden. Hahn, Schiller, Pinloche, Göring und andere haben das Verhältnis Basedows zur Philosophie seiner Zeit gründlich untersucht. In neuerer Zeit hat Göfsgen auf Grund einer Vergleichung beider Auflagen von Basedows „Praktischer Philosophie“ Rousseau als Urheber des Philanthropismus bezeichnet.*) Aber er hat gerade dadurch den Beweis geliefert, dafs die Grundgedanken Basedows bereits vor dem Erscheinen des „Emile“ feststanden. Ohne Rousseaus anregende Einwirkung auf Basedow zu leugnen, muss man doch behaupten, dass der geistige Urheber und Vater der neuen pädagogischen Richtung Johann Bernhard Basedow und niemand anders war.

Das Ziel meiner Arbeit wird also sein, die angegebenen Behauptungen zu untersuchen und auf Grund der erhaltenen Resultate der Einflufs der zeitgenössischen Philosophie auf Basedows Pädagogik.

) Anmerkung. Göfsgen: Rousseau und Basedow; S. 59 Anmerkung) führt aus der 1768 erschienenen „Vorstellung an Menschenfreunde“ zwei Stellen an, um zu beweisen, dass schon in diesem Jahre der Einfluss Rousseaus auf Basedow deutlich nachweisbar sei. Besonderen Wert legt er auf den Passus S. 86: „Weil Menschen in jedem Stande Menschen und Kinder Kinder sind.“ Hier soll die Ansicht Rousseaus von der Minderwertigkeit der intellektuellen gegenüber der moralischen Erziehung acceptiert und in der ersten Hälfte des Satzes deutlich auf Rousseaus Begriff der „égalité“ angespielt sein.

II.

Charakteristik und Darstellung von Basedows philosophischen Gedanken.

Basedows Philosophie ist, nach Zeller, eine Zusammenstellung von Sätzen, welche sich als gröbere Niederschläge der damaligen Aufklärung in seiner Überzeugung festgesetzt haben. Seine ohne jedes grofse Interesse in den Werken über „Praktische und theoretische Philosophie“ niedergeschriebenen philosophischen Gedanken sind in ihren Grundsätzen aus der Leibniz-Wolfischen Philosophie entlehnt, freilich mit einigen Zusätzen aus dem Locke'schen Sensualismus. Auch der Philosophie der damals berühmten Gegner der Wolfianer und seinem früheren Lehrer Prof. Dr. Crusius schenkte Basedow, wie es scheint, grosse Aufmerksamkeit. Damit ist jedoch die Benutzung anderer Philosophen noch nicht ausgeschlossen. „In manchen Stücken wich ich von der Wolfischen, in manchen von der Crusianischen Denkart ab. So entstanden nach und nach persönliche ungelernte Meinungen in der Philosophie.“ (Basedows Vierteljährliche Nachrichten: 1. Stück; S. 6.)

Wissenschaftliche Selbständigkeit ist bei Basedow nicht bemerkbar; neue Gedanken und Probleme stellt er nicht auf; Wiederholungen, Unregelmäfsigkeiten, Unordnungen und Planlosigkeit sind auffallende Merkmale seines Vortrags. Doch bietet er dafür uns viele rührende Stellen und ehrliche Gedanken. Grundgedanken der Basedow'schen Philosophie sind Liebe und Wohlwollen zum Menschen. Dafür ist aber, wie er glaubt, nichts so nötig, als die Erkenntnis der Wahrheit. Das eigentliche Kriterium der Wahrheit ist der Nutzen, und alles, was nicht nutzt, seinem subjektiven Zwecke nicht dient, wird auf die Seite geschoben. Daher wird auch die Tugend nur wegen ihres Nutzens als Mittel zur Glückseligkeit gefordert. Die Tugend ist Mittel zum menschlichen Wohlsein, aber kein Zweck. Dieselbe besteht im guten Handeln. „Denke, wünsche, rede und handle nach deinem äufsersten Vermögen tugendhaft.“ (Basedow: Praktische Philosophie; 2. Aufl. I. T., S. 79.) Tugendhaft handeln aber heifst so handeln, dafs das Glück des Einzelnen

gesichert wird. Wenn später Basedow sagt, dafs die Vernunft
jeden Menschen als Mitglied der göttlichen Republik ansieht,
dafs das Wohl auf die Gesamtzahl bezogen werden, und man
die anderen Menschen wie sich selbst aus demselben Grunde
und in demselben Grade, als man sich selbst liebt, lieben
soll, so ist es nicht zu leugnen, dafs bei diesem ethischen
Standpunkt Basedow auf dem rationalistischen Utilitarismus,
d. h. auf der Aufstellung des universalen Nutzens oder Glückes
als Mafsstab des Rechtes oder der Moral fufst. Nicht weniger
wichtig ist die Frage, wie man nach Basedow bei einer so
subjektiven Auffassung des Begriffes der Glückseligkeit das
Ziel erreichen kann. Die Lösung des Knotens finden wir in
seinen psychologischen Ansichten, doch bei dieser Stütze ent-
behrt er auch nicht der Theologie. „Die Sorge für das allgemeine Beste ist Gottes Befehl." (Basedow: Praktische Philosophie; S. 31.) In der zweiten Auflage seiner Praktischen
Philosophie schreibt Basedow: „Gott hat einen Teil der Tugend durch natürliche Sympathie, durch obrigkeitliche Verordnungen und durch Verbindung mit den nahen Absichten
der Selbstliebe zum besten derjenigen Menschen gesichert, die
nicht viel zu denken Gelegenheit haben." (I. Teil, S. 97.)
Also wo der Verstand nicht helfen kann, da appelliert Basedow
an Gott und hilft sich durch die natürliche Sympathie und
die Selbstliebe. Wenn er aber die Sympathie und die Selbstliebe als einen natürlichen Trieb annimmt, so leugnet er damit
in Gemeinschaft mit Shaftesbury, Grotius, Leibniz etc. Lockes
angeborene Ideen und stellt in Gegensatz zu ihm einen Instinkt, der das Individuum mit dem Geschlechte verknüpft.
Die Neigung zum allgemeinen Besten kann sich bis zu einem
erstaunlichen Grade entwickeln. Diese Gedanken sind keine
Originalgedanken Basedows. Shaftesbury mit seinem harmoni-
schen Verhältnis der beiden sittlichen Grundtriebe des Menschen:
des Egoismus und des Wohlwollens als Gründen der Tugend,
und Reimarus mit seiner natürlichen Religion, als Garantie der
moralischen Bildung, boten hier die Grundlagen von Basedows
Ethik. In Beziehung auf Reimarus bestätigt Basedow es selbst
in seiner „Philalethie".*)

---

*) Anmerkung: „Der vortreffliche Herr Prof. Reimarus, dessen
verdienter Ruhm sich über Europa ausgebreitet hat, ist durch sein un-
vergleichliches Werk von der natürlichen Religion der Lehrer vieler

Basedows Anlehnung an die natürliche Religion auf dem Gebiete der Ethik steht im Zusammenhang mit seiner Religionslehre
und insbesondere mit seinem Glauben an Unsterblichkeit der Seele
und zukünftige Vergeltung. Die Unsterblichkeit der Seele bezeichnet Basedow als eine Sicherheits- oder Gewissenheitslehre.
„O, Mensch bist Du überzeugt, daſs der Lehrsatz von der
Unsterblichkeit der Seelen eine zuverlässige Sicherheitslehre
sey." (Praktische Philosophie: 2. Aufl. I. T. S. 87.)
Der Glaube an Gottes Dasein, an die Unsterblichkeit der
Seele und zukünftige Vergeltung macht nach Basedow, abgesehen von einigen Leiden, durch das ganze Leben glücklich.
Der Mensch ist glücklich, die Welt ist gut, und diese optimistische Weltanschauung Basedows ist, von seinem theologischen
und rein rationalistischen Standpunkt angesehen, sehr leicht
erklärlich. Als Urheber der Welt nimmt Basedow Gott an.
Gott hat die Welt geschaffen. Ein vollkommenes, mächtiges
und höchst gutes Wesen, wie Gott es ist, konnte und wird nie
die Absicht haben, daſs dem Bösen über das Gute ein Über-
gewicht zu teil werde. Die Zulassung des Bösen überhaupt
ist im ganzen genommen nützlich, wie Leibniz sagt, eine
conditio sine qua non, ohne das Böse keine Freiheit, ohne
Freiheit keine Tugend. „Man redet viel davon, daſs diese
Welt ein Jammerthal sey, aber dieser Satz ist sehr falsch und
zugleich der Religion sehr nachteilig." (Philalethie: S. 74.)
Diese optimistische Auffassung der Welt hindert Basedow
jedoch nicht, über den schlechten Zustand des damaligen Schul-
und Erziehungswesens zu klagen, und wenn Basedow nach dem
Erscheinen des „Emile" in der zweiten Auflage seiner Philosophie klagt: „O, Allvater der Menschen, hilf unsern Nachkommen! Wir erleben keine merkliche Verbesserung", so ist
damit noch nicht gesagt, daſs der Rousseau'sche Pessimismus
seine Wirkung auf Basedow ausgeübt hat und bei ihm, wie
bei Rousseau, schon in den Vordergrund tritt. Im Gegenteil, wenn man den weiteren Gedankengang an dieser Stelle
Basedows verfolgt: „O, Allvater der Menschen, hilf unsern
Nachkommen! Wir erleben keine merkliche Verbesserung.

Jahrhunderte geworden. In keinem Buch, das mir bekannt ist, findet
man die Materie des wahren Beweises für die Existenz und Eigenschaften
Gottes mehr beisammen, besser verteidiget und vortrefflicher ausgedrückt,
als in den Seinigen." S. 400.

Gieb ihnen, fährt er fort, anfangs gute Educations-Institute, Vorgänger guter Väter und Mütter zu bilden!" (Praktische Philosophie: 2. Aufl. II. T., S. 52): so ist nach unserer Ansicht von einem Einflufs Rousseaus hier keine Spur zu bemerken. Vielmehr bezieht sich der ganze Passus auf die Verbesserung des Erziehungs- und Unterrichtswesens, woran Basedow schon früher gedacht hat. Er klagte über den schlechten Zustand der Schulen, klagte, dafs die Eltern ihre Kinder nicht gut erziehen könnten, dafs man sie mit Puder, engen Kleidern, Perrücken etc. quälte. Trotzdem war und blieb aber Basedow Optimist, und wenn er seine Klage jetzt in einer schärferen Form wiederholt, ist noch nicht gesagt, dafs Basedow in Verzweiflung über den schlechten Zustand der Welt sei. Wäre es der Fall gewesen, dann hätte er seinen Zögling von der verdorbenen Welt, wie es Rousseau macht, zurückziehen müssen. So etwas that aber Basedow nicht, im Gegenteil, gleich nach dem obengenannten Satz schreibt er: „Das Band, womit Gott die Eltern mit ihren Kindern verknüpfen will, wird zwar schwächer, wenn die Kinder ausser dem Hause in öffentlichen Stiftungen erzogen werden" und etwas weiter erlaubt, oder besser gesagt, verlangt er Kindergesellschaften, Freunde, Verwandte, Nachbarn, sogar bessere Hausbediente, zwischen denen man die Kinder erziehen soll, „denn eine vollkommene Erziehung eines einsamen Kindes ist unmöglich; und hätte auch Vater, Mutter, Hofmeister und Hofmeisterinnen alle Weisheit und den besten Willen." (Praktische Philosophie: 2. Aufl. II. T., S. 53.)

Fassen wir zum Schlufs die ethischen Gedanken Basedows zusammen, so ergiebt sich folgendes: a. Das Ziel des menschlichen Lebens ist die Glückseligkeit; b. Glückseligkeit und Nützlichkeit sind identisch und c. Das Mittel zur Erreichung dieses Zweckes ist die Tugend. Die Tugend ist also Mittel, aber kein Zweck.

Basedow ist optimistischer Eudämonist. Bei seinem Eudämonismus stützt er sich auf die Selbstliebe, natürliche Sympathie, Vernunft und Gott. Wir lieben uns, wir lieben jeden andern, da wir natürliche Anlage dafür haben, und da die Vernunft und Gott das befehlen.

In enger Beziehung zu Basedows Ethik stehen seine Metaphysik, Erkenntnislehre und Psychologie.

Die Idealisten und Materialisten widerlegt er mit der

Bemerkung, dafs sie entweder rasen oder sich verstellen, und gegenüber Spinozas Behauptung, die Welt sei eine Substanz, definiert Basedow sie als Menge von einfachen Substanzen, welche sich in einem stetigen Strom befinden. Unter Substanz versteht er jedes einzelne Wesen, bei welchem die Fähigkeit zu wirken und Empfänglichkeit seiner Veränderung angetroffen werden, welches keine Beschaffenheit eines anderen Dinges ist, sondern selbst Beschaffenheit hat. Die Seele ist Substanz. Jede Substanz fafst Basedow als lebendige Aktivität, als thätige Kraft. „Es ist aber keine einfache Substanz (in ihrem ersten, und also auch nicht in irgend einem ihrer folgenden Zustände) irgend einer andern einfachen Substanz vollkommen ähnlich. Dies ist der Hauptsatz von der beständigen Verschiedenheit aller Dinge". (Praktische Philosophie: 2. Aufl. I. T., S. 61.) Im allgemeinen sind die so definierten Substanzen identisch mit den Leibnizischen Monaden. Sie sind auch einfache lebendige Kräfte und eine von der anderen grundverschieden. Nach Basedow aber wirkt „jede Substanz in jedem Augenblicke auf alle und jede Substanzen, die mit ihr zugleich sind, das ist, der Zustand jeder Substanz ist in jedem Augenblicke von dem ganzen Weltzustande abhängig." (Praktische Philosophie: 2. Aufl. I. T. S. 60.) Da die Substanzen die Bestandteile der verschiedenen Dinge sind, so folgt daraus die allgemeine Abhängigkeit aller und jeder Dinge von allen und jeden, die in der Welt sind und waren. Diese Art gegenseitiger Wirkung der Substanzen ist der eigentliche Grund, auf den sich Basedow bei seiner Widerlegung der Monadenlehre von Leibniz stützt. „Der einzige Grund seiner (Leibniz') Lehre war der falsche Satz, dafs die Wirksamkeit einer Substanz auf die andere nicht anders denkbar sei, als dafs die wirkende von sich selbst etwas abgeben, und das Objekt oder der Gegenstand etwas empfangen müsse, und dafs dieses Abgeben und Empfangen mit der Einfachheit streite." (Basedows Theoretisches System der gesunden Vernunft: S. 30.) Diese merkwürdige Wendung gegen Leibniz ist für Basedow, um konsequent in seiner Lehre zu sein, sehr nötig. Als ein frommer Mann, guter Theologe und strenger Anhänger des Glaubens an die Unsterblichkeit der Seele, und die zukünftige Vergeltung, konnte er nicht die prästabilierte Harmonie und zusammen damit das Verhältnis der Seele zu dem Leib so annehmen, wie es von Leibniz empfohlen war. Eine Substanz kann, nach Basedow, auf die andere wirken, auch wenn die beiden zusammengesetzt sind, ohne Teile abzugeben. Jedes System der Harmonie, jede Annahme, dafs Seele und Leib sich verhielten wie zwei Uhren, die keine gemeinschaftliche Triebfeder haben, erscheint Basedow als Roman, als der gesunden Vernunft lächerlich und dem Menschen nachteilig. Die Seele hat die Kraft zu denken und zu wollen; „sie stehet itzund mit dem Körper in einer solchen Verknüpfung, dafs sie ihn einiger Mafsen bewegt und regiert und nach der Verschiedenheit der Dinge, die ihn berühren, verschiedene Empfindungen hat, wodurch ihre Wünsche und Verabscheuungen veranlafst werden, wie es die Erfahrung bezeugt." (Philalethie: S. 855.) Das Dasein der Seele ist ja mit diesem Leben nicht geendet, und der Glaube an die Seelenunsterblichkeit, an die künftige Vergeltung und Gottes Dasein ist nach Basedow der sicherste Weg zu unserer Glückseligkeit. Den Beweis für das Dasein Gottes führt er in zwei Formen: als kosmologischen und als ontologischen. Gott ist die erste Begebenheit, in Folge deren die Welt bestehet. Sein Dasein wird nicht durch die angeborene Gottes-Idee, sondern durch das formale Gesetz der Vernunft und aus der Natur bestätigt. Auf diesem Gebiet zeigt sich Basedow sichtlich beeinflufst nicht nur von seinem Lehrer Crusius, sondern auch von Leibniz, Wolf und den englischen Deisten. „Ich sah bald ein, sagt er, dafs ein eifriger Freund der Wahrheit, wenn er sich zur Widerlegung von Einwürfen geschickt machen und anderen lehren will, bis in die natürliche Religion zurück gehen mufs." (Philalethie: S. 416.) Die deistische Lehre über den Gottesbeweis gründet Basedow auf seine rationalistischen Ansichten. Nach der Lehre der Vernunft hat alles, was entstehet, eine zureichende Ursache. Diese Reihe von Ursachen kann nicht unendlich sein. Die Welt ist nicht von Ewigkeit da gewesen, sie hat einen Anfang, also wir sollen zu einer „Causa prima" kommen, oder „Causa sui", wie Spinoza annimmt. Als zweites Argument führt er die Vollkommenheit der Welt, die ganze Ordnung, Harmonie und Regelmäfsigkeit der Dinge an. Diese Regelmäfsigkeit, diese notwendige Zufälligkeit, so viele zum besten der Lebenden übereinstimmende Dinge, müfsen ihren Grund, ihre Ursache haben, von der die beschriebene Ordnung und Uebereinstimmung abhängt. Es giebt also ein absichtvolles Wesen, welches Gott heifst.

Als treuer Anhänger Crusius', der den Versuch gemacht hat, die Vernunft und Offenbarung in Einklang zu bringen, schliefst Basedow in seiner Lehre über die Religion die Offenbarung nicht aus. Max Müller, ein Enkel Basedows, sagt uns: „nachdem er (Basedow) manche schwere Kämpfe zwischen seinen philosophischen und religiösen Ideen durchgekämpft hatte, beruhigte er sich bei der Ansicht, dafs die christliche Religion, so wie sie ursprünglich im neuen Testamente enthalten ist, auf göttlicher Offenbarung beruht." Zu dieser Überzeugung ist Basedow nach seinen „Vierteljährlichen Nachrichten", 1771, „schon vor sechs und zwanzig Jahren gekommen und bis zu dieser Stunde derselben Meinung geblieben." Doch als Christ und Philosoph hat er zum besten der Nachwelt gegen das angemafste Recht und die Macht der kirchlichen Hierarchie kämpfen müssen. Glaube und Vernunft sollen bei Basedow übereinstimmen. Keine Religion ohne Vernunft, sondern nur durch die Vernunft wird die wahre göttliche Offenbarung zu teil. Solche und ähnliche Gedanken sind auch bei Leibniz zu finden. So wenig eine Philosophie zulässig ist, die sich mit der Religion nicht versöhnen läfst, ebenso wenig kann eine Religion wahr sein, die andern erwiesenen Wahrheiten widerstreitet. „In Sachen der Religion auf die Vernunft verzichten zu wollen," erklärt er, „ist in meinen Augen· fast ein sicheres Merkmal, entweder eines Eigensinns, der an Schwärmerei gränzt, oder, was noch schlimmer ist, der Heuchelei." (Zeller: Geschichte der deutschen Philosophie seit Leibniz; S. 153; vergl. O. P. 487, 25; 480, 3; 486, 61; 404. Leibniz b. Rommel a. a. O. II., 54.) Doch die menschliche Vernunft, welche die Fähigkeit, durch Erfahrung, Überzeugung und Belehrung von anderen Menschen, Dingen und der Natur, die Wahrheit zu erkennen, zu erforschen und zu bestätigen, besitzt, ist nicht immer so stark, Irrtümer zu vermeiden und die in der Offenbarung enthaltenen Bestimmungen vollständig zu begreifen. Die Offenbarung geht über die Vernunft hinaus, und nur mit der natürlichen Religion einen lebendigen Glauben an Gott bei vielen hervorzurufen und zu unterhalten, ist schwer. „Natürliche Religion ist unstreitig wahr, aber daraus folgt keinesweges die Wahrheit der natürlichen, in welcher alle Offenbarung geleugnet wird. Der Glaube an die Propheten und Wunderthäter ist also das leichteste Mittel, den Glauben an die, in der natürlichen Religion erweislichen Lehrsätze auszubreiten und zu unterhalten." (Praktische Philosophie: II. T. 2. Aufl., S. 320.) So leugnet Basedow weder die natürliche Religion noch die Offenbarung und schliefst sich damit an seinen Lehrer Reimarus an.

Seine Psychologie knüpft Basedow an die der Rationalisten, und besonders Wolfs. Das Hauptproblem seiner psychischen Betrachtung ist das „Ich" oder die „Seele". Das Wesen der Seele definiert Basedow als eine bewegliche Substanz oder ein vollständiges Wesen, welches für sich selbst existiere, jedoch mit unbekannter Gröfse, Figur oder Ausdehnung. Als einfaches, lebendiges Wesen hat die Seele in sich eine Kraft, in der das Vermögen zum Erkennen und Begehren bestehet. Das erkennende und begehrende Vermögen der menschlichen Seele sind die Grundlagen unseres psychischen Lebens. Als Quelle unserer Lebensthätigkeit erkennt Basedow in Übereinstimmung mit Locke die Wahrnehmungen, teils die der äufseren Sinne —, Sensation, teils die des innerlichen Sinnes — die Reflexion. Die Einseitigkeit des Sensualismus vermeidet Basedow dadurch, dafs er diese Locke'schen Gedanken mit denen der Rationalisten verbindet. Die Sinne liefern den Stoff, und der Verstand bearbeitet ihn. Aus den Vorstellungen entwickelt sich das Begehren. Eine Vorstellung, zu begehren oder ihr zu widerstreben, bestimmt näher die Lust oder Unlust, die wir von ihr erwarten. Mit Lust oder Abscheu etwas zu vernehmen, sich vorzustellen etc. liegt als Trieb in der menschlichen Seele. Der Mensch hat zahlreiche Triebe: Religiöse, sinnliche, gesellschaftliche, wissenschaftliche u. s. w. Die Fähigkeit der Seele, Wohlgefallen und Mifsfallen an den Dingen zu haben, heifst, nach Basedow, Wille. Der Wille ist von grofser Bedeutung für die sittlichen Handlungen der Menschen, da alles, was mit dem Willen übereinstimmt, gut und angenehm ist und Lust verursacht, begehrt wird. Das Böse ist immer etwas dem Willen Widerstrebendes und verursacht Unlust und Abscheu. Gut und Böse haben keine absolut feststehende Bedeutung. Ein und dasselbe Ding kann für verschiedene Personen und verschiedene Zeitpunkte verschiedenen Wert haben. Nicht weniger bewirken die Erfahrung, Belehrung und die herrschende Sitte, dafs dieser oder jener Gegenstand unseres Triebes uns gefällt oder mifsfällt. Aufser der Kraft zur Lust und Unlust, zum Begehren und Verabscheuen hat unser Wille noch das Vermögen, die begehrte Wirkung des Verstandes und die begehrte Bewegung des Körpers zu verursachen, zu veranlassen, fortzusetzen oder zu vermehren; ferner die verabscheute Wirkung des Verstandes und die Bewegung des Körpers zu unterdrücken, zu hindern, aufzuheben und zu vermindern. Die fortdauernde seelische Fähigkeit, mit Lust oder Abscheu etwas zu vernehmen oder sich vorzustellen, ist entweder instinctmäfsig oder abgeleitet und erworben. Dem Begehren ist in Basedows Psychologie das Denken übergeordnet. Ein Wollen ohne Denken ist unbegreiflich. „Die Fähigkeit der Seele zu Gedanken heifst Verstand." Der Verstand des Menschen, durch eigene Erfahrung, durch Zeugnis und Belehrung von andern Menschen die Wahrheit zu erkennen, aus bekanntem auf unbekanntes zu schliefsen, hat einen Vorzug vor dem der Tiere und wegen dieses Vorzuges nennt er sie Vernunft. „Die Vernunft ist," sagt Basedow, „übertierischer Verstand." (Philalethie: S. 20.) Die Vernunft (Ratio) ist das Vermögen, durch Schlüsse die Wahrheit zu erkennen. Die Beweggründe der Vernunft beim menschlichen Handeln sind von grösster Bedeutung für die Moralität. „Ein Mensch in dem Zustand, in welchem Beweggründe der Vernunft als Beweggründe bei ihm wirken, heifst gesetzfähig — legis capax. Diese Gesetzfähigkeit der Menschen in gewissen Umständen ist eben dieselbe Beschaffenheit, welche die neuere Philosophie die (innere) Freiheit nennt." (Praktische Philosophie: 2. Aufl. I. T., S. 75.)

Wenn aber Basedow keine angeborene Neigung zur Tugend und ein nicht angeborenes, sondern durch menschlichen Umgang und Unterricht erworbenes Gewissen annimmt, — „viele Lehrer," sagt er, „besonders Herr Hutcheson, haben ohne gültigen Beweis ein besonderes moralisches Gefühl von Recht und Unrecht als einen Instinkt angenommen und zum Schaden der Sittenlehre dasselbe Gefühl für den vornehmsten Grund zur Tugend angesehen," (Theoretisches System der gesunden Vernunft: S. 74) — so fufst er hier, abgesehen von der Annahme einiger Vorstellungen und Neigungen, die er Instinkte nennt, auf Lockes Sensualismus und dem Aristotelischen Satz: „nichts in der Seele, als was durch die Sinne dahin eingetreten ist." Später werden wir bei Basedows pädagogischer Thätigkeit, insbesondere in seiner Lehre über Anschauungsunterricht, sehen, wie hoch er den Satz geschätzt hat.

Was auf dem Gebiete der Philosophie für Basedows praktische und insbesondere für seine pädagogische Thätigkeit von
grossem Interesse war, ist die Lehre über das Verhältnis zwischen
Seele und Leib. „Mens sana in corpore sano" war sein leiten-
der Satz bei der physischen Erziehung der Kinder. Die Wechsel-
wirkung zwischen den beiden, Seele und Körper, nach der
Lehre der prästabilierten Harmonie und Monadologie, verwirft
er gänzlich als Irrtum und nimmt eine solche Art von Verbindung an, wobei die Seele den Leib bewegt und regiert. Wie
das alles geschieht, beantwortet er uns nicht.

Wollen wir die philosophischen Ansichten Basedows zu-
sammenfassen, so können wir sie mit folgenden Worten charak-
terisieren: schöpferisch und originell ist Basedow auf dem
Gebiete der Philosophie nicht. Seine Philosophie, wie er sie
in der zweiten Auflage der praktischen Philosophie definiert,
ist eine „Sammlung aller gemeinnützlichen und zugleich etwas
schweren Vernunftwahrheiten mit den nötigen Beweisen derselben." Seine langjährigen Bemühungen, seine theoretische
Philosophie zu einem System auszuarbeiten, sind umsonst
gewesen. Ihm fehlte jede wissenschaftliche Vorbereitung zur
Ausführung seines Plans, und inzwischen war er schon lange
Zeit nach Erscheinen seiner Philalethie zur Abfassung theo-
logischer Schriften gezwungen. Der Mensch als denkendes
und wollendes Wesen hat in dieser so schön eingerichteten
Welt nur ein einziges Ziel — die Glückseligkeit. Die Glückseligkeit der Menschen ist der erste und letzte Zweck von
Basedows Thätigkeit gewesen. Ja sein letzter Wunsch war,
noch nach seinem Tode mit seinem Körper der Menschheit
nützlich zu sein. Gutes und Nützliches ist bei ihm identisch,
und böse ist alles, was uns verhindert, eines Guten teilhaftig
zu werden. Als maßgebend für das Gute oder Nützliche setzt
man die Vernunft. Die Vernunft ist die wahre Erkenntnis.
Der Mensch ist aber nicht nur ein denkendes, sondern auch
ein wollendes und fühlendes Wesen. Doch der Wille ist bei
Basedow der Vernunft untergeordnet, und das Gefühl spielt hier
eine ganz sekundäre Rolle. Daß eine wesentliche Veränderung
in der Meinung Basedows über den Menschen, als fühlendes
Wesen, nach dem Erscheinen des „Emile" eingetreten wäre,
wie es Göfsgen in seiner Dissertation (Rousseau und Basedow:
Burg b. M. 1891, S. 71) behauptet, scheint für uns ausgeschlossen.

2*

Nach dem Erscheinen von Rousseaus „Emile", meint Göfsgen, ist der Mensch für Basedow schon ein sympathisches Triebwesen geworden. „In der Praktischen Philosophie", sagt er, „hat Basedow in der zweiten Auflage ein Hauptstück eingeschoben, welches in der ersten nicht vorhanden war, und welches von den menschlichen Grundtrieben handelt; als solche werden bezeichnet der Trieb zur Gesellschaft, Sympathie etc. und in dem dritten Hauptstück findet sich die Stelle: „das menschliche Herz hat eine natürliche Sympathie;" im Methodenbuch wird die Natur des Menschen als das definiert, was angeboren ist und was durch gemeine Umstände einem jeden hinzukommt. Aus dieser Stelle kann soviel gefolgert werden," schliefst Göfsgen, „dafs zu dem egoistischen Triebe des Menschen, welcher früher eigentlich allein anerkannt wurden, hier die Sympathie hinzugetreten ist, welche auch bei Rousseau sich findet." Dieser merkwürdige Schlufs Göfsgens scheint uns unwahrscheinlich. Die oben zitierten Sätze sind kein Beweis für eine Beeinflussung von Seiten Rousseaus, weil wir dieselben Gedanken, freilich in anderer Form, finden in Basedows „Philalethie" und in der ersten Auflage der „Praktischen Philosophie", nämlich:

1. „Die Menschenliebe ist uns angeboren und vermehrt sich durch das Andenken anderer Vorteile, die wir von der menschlichen Gesellschaft haben." (Praktische Philosophie: S. 969.) 2. „Diese Neigung, Liebe, oder Sympathie ist von Natur, ohne Instruktion und Angewohnheit sehr schwach" — (Philalethie: S. 71) schwach, doch als Neigung ist sie schon vorhanden. 3. „Diese Neigung zum gemeinen Besten kann, so schwach sie Anfangs ist, bis zu einem erstaunlichen Grade zunehmen u. s. w." (Praktische Philosophie: S. 24.) 4. „Man liebe einen jeden anderen Menschen, als sich selbst, d. h. aus derselben Ursache und in demselben Grade, als man sich selbst liebt." 5. „Nichts ist wahrscheinlicher, als dafs der Mensch einen natürlichen Trieb zur Gesellschaft hat." (Praktische Philosophie: S. 707.)

Seite 77 seiner Arbeit spricht Göfsgen von einer Umwandlung von Basedows Optimismus in Pessimismus unter dem Einflufs Rousseaus. „Den Wilden zitiert Basedow jetzt nicht mehr nach Europa, um die Trefflichkeit der Sitten an ihm zu erweisen, sondern er empfiehlt jetzt die Abbildung von Wilden, damit Europas Jugend die Höhe der Sittlichkeit erst noch ersteigen lerne, von welcher aus „auch im Wilden den Menschen zu sehen", als erstes Sittlichkeitsgebot erscheint." Meiner Ansicht nach hat Basedow seine Meinung über diese Frage, wie er sie im Jahre 1758 in der „Praktischen Philosophie" ausgesprochen hat, in der zweiten Auflage der „Praktischen Philosophie" überhaupt nicht verändert, wie wir aus folgenden Stellen sehen können: 1. „Es ist wahr, der wilde Zustand der Menschen würde nicht den zehnten Teil des Verdrusses haben, welcher den gesellschaftlichen Stand im Staate beunruhiget. Und hieraus allein hat ein witziger und beredter Schriftsteller (ich glaube, in einer Art eines gelehrten Scherzes) den Schluſs gemacht, daſs wir viel weniger glücklich sind, als die Hottentotten und Eskimos. Hätte er ernsthaft geredet, so würde er die Vollkommenheit des menschlichen Geschlechts gesucht haben nicht in der Abwesenheit vieler beschwerlichen Dinge, sondern in dem Ueberreste der wahren Freuden und Vergnügungen, in der anwachsenden Ähnlichkeit der Menschen mit Gott etc." (Praktische Philosophie: 2. Aufl. II. T., S. 146.) 2. „Ein Halbwilder verabscheut zwar die europäische Lebensart, allein man versuche es einmal, und lasse ihn Anfangs in seiner Luft und seinen Gewohnheiten. Man mache ihn sich bloſs durch solche Wohlthaten verbindlich, die nach seinem Geschmacke sind. Man lasse ihn nur ein Stück der europäischen Lebensart nach dem andern versuchen. Man suche besonders die dem Menschen so natürliche Wiſsbegierde in ihm rege zu machen und sehe alsdann, ob er sich nicht freiwillig zu den europäischen Sitten entschlieſsen, und viel Vergnügen darinnen finden werde." (Praktische Philosophie: 2. Aufl. II. T., S. 147.) 3. Basedow zieht seinen Zögling von der verdorbenen Gesellschaft und verdorbenen Kultur nicht zurück, wie es Rousseau macht, und wie er es sicher thun müſste, wenn er in Wirklichkeit die Welt von dem Standpunkt eines Pessimisten betrachtet hätte, und 4. Im zweiten und dritten Stück seiner Vierteljährigen Nachrichten wiederholt Basedow unter dem Artikel: „Eine wichtige Verbesserung zum dritten Stücke des Elementarbuchs" noch einmal seine optimistische Anschauung in folgender Form: „ich habe gesagt, die von — Gott — gewirkte oder geschaffne Welt sei sehr gut. Dieses könnt ihr aus der Betrachtung derselben wissen." (S. 108.) Von dem Rousseau eigenartigen Gedanken, diese von dem Schöpfer gut erschaffene Welt sei unter den Händen der Menschen und unter der Einwirkung der Kultur entartet, findet sich bei Basedow nirgends eine Spur.

III.

Charakteristik und Darstellung von Basedows pädagogischen Gedanken.

Wie auf dem Gebiete der Philosophie, so ist auch auf dem der Pädagogik der Einfluss der Wolfischen Popularphilosophie in den meisten Gedanken Basedows evident. Das einzige Ziel von Basedows Thätigkeit war, so zu handeln, dafs so viel Glück und Wohlwollen als möglich für die Menschheit gesichert werde. Zur Erreichung seines Zieles mufste er gegen die starre, im Laufe der Jahrhunderte gebildete Tradition nicht nur auf dem Gebiete der Erziehung und des Unterrichtswesens, sondern auch auf jenem der Theologie und Philosophie kämpfen. Hier brachte Basedow, wie wir es gesehen haben, weder etwas Neues, noch konnte er das Alte widerlegen. Ihm fehlte die nötige Bildung, Ruhe und Gründlichkeit jener grofsen Männer, die er als Gegner hatte. Ganz anders geschah es auf dem Gebiete der Pädagogik. Da ackerte er hin und her, praktisch und theoretisch, bis seine Thätigkeit sich mit Erfolg krönte.

Verfolgen wir die geistige Entwickelung dieses Mannes, so erstaunt man, wie es möglich war, dafs ein Mensch ohne gute Erziehung, ohne eine besondere Bildung, wie es der Fall bei Basedow war, die damaligen Zustände des Lebens, die Strömung der Zeit, die Notwendigkeit einer Erziehungsreform zu begreifen verstand und mit einer Geschwindigkeit, einem Enthusiasmus und einem Eifer ohne Gleichen die Reform zu verwirklichen versuchte. Sein Ziel war Reform des Erziehungswesens. Eine solche Reform war nach so vielen politischen und religiösen Kämpfen und Ereignissen ein grofses Bedürfnis geworden. Im allgemeinen genommen waren die Zustände der damaligen Zeit grenzenlos verdorben: „Kirche und Staat, Schule

und Familie, Volkssitte und Gelehrsamkeit — überall durch
Thorheit und Bosheit erzeugte Fäulnis. (K. Schmidts: Geschichte der Pädagogik; III. B., S. 584.) Damit dieses Elend
von der Menschheit entfernt und die gröfstmöglichste Glückseligkeit in die Welt eingepflanzt werde, mufs ein neuer Grund
gelegt werden, auf dem sich ein neues Geschlecht entwickeln
kann. Rousseau war der erste, welcher rief: „Freiheit und
Natur" und damit einen Weg zeigte. Durch seinen „Emile"
lenkte er die Aufmerksamkeit der Menschen auf die Erziehung,
und Basedow war eigentlich der Mann, der mit seiner Geschicklichkeit und seinem praktischen Geist dieser Gährung
die entscheidende Richtung gab und die Verwirklichung der
neuen Gedanken versuchte.

Basedows pädagogisches Verdienst spiegelt sich ab in
der Geschichte des Philanthropismus, dessen Stifter er ist,
und seine Gedanken über die Erziehung sind in seinen zahl-
reichen Schriften enthalten.

Ihm fehlten allerdings jede schöpferische Kraft, starker
Wille und gute Erziehung, dafür beseelten aber seine unruhige
Seele eine grofse Begeisterung für die Verbesserung des Erziehungswesens, Wahrheitsliebe und grofses Interesse für die
neuen Ideen. Ähnlich wie Rousseau wollte er durch die Er-
ziehung eine neue Generation bilden, ein neues menschliches
Geschlecht schaffen. Der Satz: „der Mensch wird nur durch
Erziehung Mensch werden" ist der leitende Satz seiner päda-
gogischen Thätigkeit gewesen. Auf dem Gebiete der Päda-
gogik war Basedow praktisch und theoretisch thätig. Das
Ergebnis seiner praktischen Arbeit ist in der zweiten Hälfte
des 18. Jahrhunderts die Begründung jener pädagogischen
Richtung, welche in der Geschichte der Pädagogik unter dem
Namen „Philanthropismus" bekannt geworden ist.

Das Verdienst der Philanthropisten schildert Gerlach sehr
treffend, wenn er sagt: „Alles, was jetzt noch auf deutschen
Schulen, auf dem Gebiete der wissenschaftlichen Erziehung geschieht, ist ja durch den Vorgang des Philanthropins erst hervorgerufen worden;" und wirklich, wenn die Jesuiten die Pädagogik zum Mittel für ihre Propaganda gemacht haben, wenn
sie den Pietisten dazu diente, „um die ecclesiola in der ecclesia
zu bilden" und Gottseligkeit unter dem Volke, zumal unter den
Armen, zu verbreiten, so gewann sie in dem Philanthropis-

mus Selbständigkeit. Die Philanthropisten versuchten zuerst
die Pädagogik zur Wissenschaft zu erheben und hinterliefsen
uns eine reiche pädagogische Litteratur. „Die von Basedow
hervorgerufenen Reformen auf dem Gebiete der Erziehung und
des öffentlichen Unterrichts sollten Deutschland nicht allein zu
gute kommen, fast allen Staaten Europas war es vergönnt, die
Früchte derselben unmittelbar zu geniefsen. Wir dürfen nicht
vergessen, dafs der Mann, den man so gern den Vater der
Volksschule nennt, mitten in der philanthropistischen Regung
und Gährung herangewachsen und sogar eine Zeit lang der
begeisterte Mitarbeiter Lavaters und Iselins, d. h. der Haupt-
vertreter und Verbreiter der neueren Pädagogik in der Schweiz
gewesen war." (Pinloche: Geschichte des Philanthropismus;
S. 453.) Freilich erscheint uns heute vieles, was damals so
grofsen Wert und Bedeutung gehabt hat, unbedeutend und
wertlos, dafür aber müssen wir uns in die damaligen Verhält-
nisse des sozialen und kirchlichen Lebens versetzen, wenn wir
ein klares Bild von dem heftigen Kampf bekommen wollen.
Was die Schulen in Deutschland anbelangt, die in Preufsen
nach dem Dekret von 1738 im ganzen den Priestern und Pre-
digern anvertraut waren, so fehlte ihnen alles, was eine gute
Erziehung und den Unterricht fördern konnte, und am schlimm-
sten war, dafs man diesem Gebiete ganz fremd und gleichgültig geworden war. In Erziehung und Unterricht wurde
alles mechanisch behandelt. „Es fehlt vor allem an einem
praktischen Lehrerseminar, es fehlt an einem überlegten Plane
für die Folge der Schulbücher, überall werden unverstandene
Worte auswendig gelernt; Schulstaub liegt seit Jahrhunderten
auf der Methode des Sprachlehrens. Jung und alt, was darin
atmen mufs, wird krank im Gehirn. Der Unterricht trägt noch
überall das Gepräge der Zeit, in der man die Schule eingerichtet hat — den Charakter des Mönchtums u. s. w." Die
Notwendigkeit einer Reform zeigte sich also auf allen Stufen
des Erziehungs- und Unterrichtswesens. Der Methode, den
Lehrplänen und dem ganzen Zustande der damaligen Schulen
erspart Basedow kaum irgend einen Vorwurf. Aber bei diesen
kühnen Worten liefs er es nicht bewenden; gleichzeitig versuchte er, nicht nur den Weg, wie man die Jugend von dem
Joche loslösen könne, zu zeigen, sondern auch selbst alles in
der Praxis zu verwirklichen. Das Hauptziel von Basedows

pädagogischer Thätigkeit war die Erziehung der zukünftigen Menschheit. Das Prinzip der Nützlichkeit und die Unabhängigkeit der Schule, als wichtigsten Faktors der Erziehung, von der Vormundschaft der Kirche treten als charakteristische Züge in seinem System hervor. Rousseau und Basedow verfolgen einen und denselben Zweck und wollen eine und dieselbe Art der Erziehung. Beide gehen bei der Wahl ihrer Erziehungsmittel unstreitig von Lockes Forderungen aus, in denen der Satz „mens sana in corpore sano" eine so grofse Rolle spielt. Die körperliche Erziehung blieb bekanntlich bis in die zweite Hälfte des 18. Jahrhunderts in den Lehrplänen der Schulen ganz unberücksichtigt, „in gewissen Gymnasien hatte man sogar alles, was den Kindern neben heilsamer Erholung einige Gewandtheit und Kraft zu geben vermag, durch lächerliche Bestimmungen untersagt" (Pinloche: Geschichte des Philanthropismus) und seit den Tagen der Griechen gelangt die physische Erziehung zuerst in der Schule der Philanthropisten zu ihrem Rechte. Turnen, Tanzen, Fechten, Schwimmen, Spazierengehen u. s. w. waren in Dessau im Übermafs vertreten. Nichts wurde vernachläfsigt, um die Forderungen der Gesundheitslehre und Leibesübungen zu erfüllen. Doch Basedow war nicht der erste, welcher von der Notwendigkeit der physischen Erziehung handelte. Rousseau und besonders Locke betonten das noch früher. Im allgemeinen stimmen Basedows Untersuchungen auf diesem Gebiete durch und durch mit denen Rousseaus überein, und Rousseau bringt seinerseits in der Hauptsache auch nichts weiter als die von Locke in Bezug auf Leibespflege gegebenen Mafsregeln. Wenngleich also Rousseaus Einflufs auf Basedow auf diesem Gebiete nicht zu leugnen ist, so ist es doch ohne jeden Zweifel, dafs Basedow ursprünglich nicht die Rousseau'sche Idee seiner physischen Erziehung zu Grunde gelegt hat, sondern dafs er von Locke ausging. Er hat Rousseau'sche Ideen v o r Rousseau ausgesprochen, und wenn er auch den „Emile" nach dessen Erscheinen wohl berücksichtigen mufste, so ist es doch charakteristisch, dafs er nach wie vor Locke als seine Quelle anführt. Die Erziehung mufs schon an der Mutterbrust anfangen und, wie bei den Griechen, soll die Mutter selbst ihre Kinder nähren. Nach dem Rate der vernünftigen Ärzte und besonders Lockes will er neugeborene und junge Kinder oft in kaltem Wasser baden,

nicht an Wiegen, sondern an rauhe Luft, an nasses Wetter etc.
gewöhnen, und überhaupt den Körper des Kindes möglichst
abhärten. Dazu gehörte auch die Befreiung der Kinder von
den engen Kleidern, Puder, Perrücken etc., Erbteilen aus der
Zeit Ludwigs XIV. Nach der philanthropischen Verordnung
litt man in Dessau nur uniformierte Zöglinge. Das Spiel fand
bei Basedow grofse Anerkennung. Der Unterricht soll spielend
werden, und das Kinderspiel betrachtet Basedow als einen Teil
des Unterrichts. Der spielende Unterricht, auf den Basedow
so grofsen Wert legte, führt uns zur empirischen Lehre Bacons
von Verulam, zu Comenius und Lockes Anschauungsunterricht
zurück. Nach Comenius soll der sinnliche Knabe vor allem
spielend mit der Sinneswelt bekannt gemacht werden. Ist es
nicht möglich, dafs man ihm die Dinge in Natur zeigen kann,
so hilft man sich mit treuen Abbildungen. Die Bedeutung der
Sinnesentwickelung schätzte Locke noch höher und entwickelte
bekanntlich dieses, indem er ausdrücklich betonte, man müsse
dem Kind die Erkenntnisse der sinnlichen Dinge spielend bei-
bringen. Derartigen Übungen räumt auch Rousseau einen
gröfseren Platz ein, doch Basedow fufst auch hier auf keinen
Fall auf ihm, da er noch früher mit Komensky und Locke
bekannt gewesen war. Bei dem Unterricht, aufser den Stunden des Schreibens, sollen die Kinder, empfiehlt Basedow, so
viel wie möglich stehen, gehen und überhaupt das Stillsitzen
vermeiden. „Die Kindheit und Jugend soll die Zeit der Munterkeit, der tierischen Übungen, des Vergnügens und der Freude
sein. Ehemals spielten die Alten mit den Kindern. Jetzund
spielen die Alten unter sich." (Praktische Philosophie: 2. Aufl.
II. T., S. 47.) Wie hoch Basedow die Bedeutung der physischen Erziehung schätzte, ist daraus zu erkennen, dafs er
nichts versäumen wollte, was Anlafs zu häufiger Bewegung
und guter Entwickelung des Körpers geben könnte. Ein Beweis dafür ist die Zeiteinteilung des Tages in seinem Philanthropin: „6 Stunden zum Essen, Trinken, Anziehen und den
eigentlichen Vergnügungen; 1 Stunde zur strengsten Ordnung
in Wohnung, Kleidung, Gerät, Büchern, Rechnung und Briefen;
5 Stunden zur Studienarbeit; 3 Stunden zum regelmäfsigen Vergnügen in Bewegung, als Tanzen, Reiten, Fechten, Musik etc.;
2 Stunden eigentliche, doch solche Handarbeit, die etwas be-
schwerlich, aber nicht schmutzig ist." (Basedows: Für Kos-

mopoliten etwas zu lesen, zu denken und zu thun; S. 31.)
Die Plage der damaligen Schule, welche aufser Rätseln, Balletten und lächerlichen dramatischen Stücken zur Abwechselung und Erholung gar nichts den Schülern bieten konnte, erlebte Basedow selbst als Schüler der Hamburger Johannisschule, und seine spätere Bekämpfung solcher Mifsgriffe bei der Erziehung ist uns verständlich.

Hand in Hand mit der körperlichen Erziehung geht bei Basedow die seelische. Eine harmonische Ausbildung der menschlichen Seele und des Leibes gehört zu den Grundgedanken seiner Lehre. Im allgemeinen giebt Basedow mit Locke und Montaigne der Erziehung vor dem Unterricht den Vorzug. Die Erziehung erstreckt sich über die ganze Zeit der Kindheit und Jugend. Ähnlich wie Rousseau unterscheidet Basedow hier drei Perioden und legt der Einteilung der Erziehungszeit grofse Bedeutung bei. Die Kindheit und die erste Jugend kann und mufs ohne Zwang lernen, was sie zu lernen braucht. Hier mufs man alle mögliche Sorgfalt anwenden, dafs die Kinder die überall ausgebreitete Schönheit und Nützlichkeit der Natur mit Aufmerksamkeit und Lust geniefsen. „Lafst hier die Bücher, geht mit in den Garten, wir wollen geniefsen." (Philalethie: S. 379.) Die Bücher enthalten nicht alles, was eine wirkliche Erziehung so gut fördern kann. Ein Kind kann ohne Lesen, Schreiben und Memorieren zur Tugend und Glückseligkeit erzogen werden. Der Unterricht ist im Vergleich mit der Ausbildung des Herzens der geringere Teil der Erziehung. „Werden die Anstalten, das Herz von Lastern zu bewahren, versäumt, so kann das fähigste Genie in allen Wissenschaften und freien Künsten auf die beste Art unterrichtet und geübt werden, und dennoch immer den Weg zur Tugend und zur Glückseligkeit verfehlen." (Schmids Encyklopädie: III. B., S. 584.)

Eins von den besten Mitteln zur Erlernung der menschlichen Pflichten und Klugheitsregeln bieten in der Erziehung der gesittete Umgang und die Erfahrung. „Die Jugend bedarf Erfahrung. Die Erfahrung kommt meistens mit dem zufälligen Umgang mit Menschen." (Praktische Philosophie: S. 452.) Das Kind nach unserem Wunsche etwas früher klug zu machen und es in allerlei einzuführen, giebt ihm Basedow Spielgenossen. Bei der Auswahl der Gespielen mufs man sorg-

fältig sein, da die gröfste Kunst der Erziehung darin besteht,
das Kind vor schlimmer Gewohnheit zu bewahren und ihm
durch gute Beispiele die besten Erziehungsmittel zu verschaffen.
Hier liegt eigentlich ein schroffer Gegensatz zwischen Basedows
und Rousseaus Erziehungsverfahren vor. Rousseau in Konsequenz seiner pessimistischen Auffassung der Welt ein eifriger
Kämpfer gegen die Kultur und die verdorbene Gesellschaft,
zieht seinen Emil in die Einsamkeit zurück, reifst ihn aus den
Händen seiner Eltern und Mitmenschen und will ihn dennoch
zur Menschenliebe und zu den Pflichten gegen die, welche
gleiche Rechte mit ihm haben, endlich zur Elternliebe erziehen.
Ersterer aber beschränkt, getreu seiner optimistischen Auffassung, die Erziehungsthätigkeit nicht nur auf den Einflufs der
Eltern, sondern verlangt, „dafs jede Familie in der Nähe ihres
Aufenthaltes eine Anzahl verständige Freunde zu gewinnen
suchen, und durch solche Vorstellungen an dieselben, die zum
Vorteile der Eltern und Lehrer gereichen, die moralische Erziehung erleichtern solle. (Hahn: Basedow und sein Verhältnis
zu Rousseau; S. 39.)

Er beschränkt sich dabei nicht auf die eigene Familie, sondern will eine Verbindung mit anderen. Eine Erziehung in der
Einsamkeit findet Basedow unmöglich; „kann ein Kind, welches ohne Gespielen in Einsamkeit erzogen wird, in den gegen-
seitigen Pflichten derer, welche gleiche Rechte haben, auf
irgend eine Weise von seinem Aufseher geübt werden?" Ferner
wenn man die Bildung des Herzens junger Kinder vollkommen
erleichtern will, so müssen zu diesem Zwecke alle Personen im
Hause zur Übereinstimmung gebracht werden. Das Elternhaus
bildet, ähnlich wie bei Komensky, die Vorschule, wo man durch
Liebe und Befehle, ohne jede Schwierigkeit die Kinder zu
künftiger Zufriedenheit und gottseligem Leben vorbereiten und
überhaupt erziehen kann.

Die sittliche Bildung fafste Basedow sorgfältig ins Auge,
und als Mittel, diese zu befestigen, verlangte er, man solle
weder vernünfteln über Gut und Böse, Recht und Unrecht,
noch Untugenden verbieten, die sich wahrscheinlicher Weise
nicht begeben würden, sondern er verlangte Gewöhnung und
blinden Gehorsam. „Der Gehorsam ist also die erste Tugend
der Kinder, die man befördern mufs" (Philalethie: S. 542), und
je früher man die Kinder an Gehorsam gewöhnt, desto weniger

Störungen lassen sich in der Erfüllung menschlicher Pflichten bemerken.

Bis zum 12. Jahre soll der Gehorsam ein blinder Gehorsam sein, und erst später können nur die alten Pensionisten, „wenn die Sache Verzug leidet," sich nach der Ursache des Befehls erkundigen, kurz gesagt, nur mit dem Lauf der Zeit verwandelt sich der Befehl in guten Rat. Um Mifsbräuche zu verhüten, sollen die Befehle niemals zum Scherz gegeben werden. Da, wo die Befehle und die sehr selten erteilten Belohnungen nicht helfen können, zieht Basedow die Strafe zur Hilfe. „Es ist leider nötig, zuweilen auch durch empfindliche Strafe dasjenige zu verbessern, was durch Exempel und Verführer, ja selbst durch die Fehler der Eltern und Aufseher verdorben ist." (Göring: J. B. Basedows Ausgewählte Schriften; S. 47.) Basedows Ansichten über die Strafe sind eigentlich ganz verschieden von denjenigen Rousseaus und in vielen Beziehungen nähert er sich Locke. Die Rute als Zuchtmittel wird nur in seltenen Fällen, z. B. gegen ausgesprochenen wiederholten Ungehorsam, mit untermischter Ermahnung, gebraucht, aber dafür mit gehöriger Schärfe und nach Lockes Verfahren von den Eltern oder in ihrer Abwesenheit von einer dritten dazu abgerichteten Person. „Der schweizerische Philosoph meint," sagt Basedow, „die Worte Gehorsam, Befehl, Pflicht und Schuldigkeit müssen aus dem Wörterbuch seines Zöglings verbannt werden. Wie sehr irrt doch der sonst so weise Mann! Der Gehorsam gründet sich auf Liebe, Zutrauen und Zwang; die Schuldigkeit auf die Meinung von unserem eigenen Besten oder der Abwendung unseres eigenen Übels entweder nach dem Laufe der Natur oder nach dem Vorsatz der Mächtigeren. Ist wohl etwas davon dem Kind unverständlich?" (Basedows Methodenbuch; S. 83.) Doch die unbedingte Unterwerfung des Kindes unter den Willen eines anderen hat ihre Quelle nur in natürlicher Liebe und im Vertrauen zu den Eltern und Erziehern. Nach dem Gesetze der Natur sind die Eltern schuldig, ihre Kinder zu verpflegen und zu erziehen. Die natürliche Liebe und das Vertrauen ist nämlich jenes Band, womit Gott die Eltern mit ihren Kindern verknüpft. Will man das Band nicht lockern, so mufs man, nach Basedow, die Kinder, wenn es möglich ist, nicht aufser dem Hause in öffentlichen Stiften erziehen. Wie für die Eltern, so ist es auch für Lehrer und überhaupt die-

jenigen, welche „mit der Jugend umgehen, nützlch, ihren
Charakter zu kennen, um sich in den Gesinnungen und Handlungen gegen dieselben danach zu richten." (Praktische Philosophie: 2. Aufl. I. T.; S. 450.) Die erste erforderliche Be-
dingung dafür ist ein guter, vertrauensvoller Verkehr zwischen
Zögling und Erzieher, und „Basedow hat in seiner menschen-
freundlichen Begeisterung hier überall einen Ton angeschlagen,
der von Herzen kommt. Das Vertrauensverhältnis zwischen
Zögling und Erzieher hat wohl selten eine pädagogische Richtung mit solcher Energie herzustellen gesucht, wie der Philanthropismus." (Schiller: Geschichte der Pädagogik, S. 267.)

In Bezug auf Kenntnisse hält Basedow ebenso wie
Rousseau das Früh- und Vielwissen nicht für nötig und will
das Vernünfteln bis zu einem gewissen Alter unterlassen. Eine
Ausnahme macht er bei dem Unterricht in der Sittenlehre, wo
man schon früh mit den Kindern über Zeugung, Geburt und
Geschlecht ernsthaft, ohne Scherz, wie von anderen Werken
der Vorschung Gottes, als von einem Teile der Naturkunde
reden soll. Den Kindern die Erklärung über das Geschlecht-
liche vorzuenthalten, hält Basedow für ein „lächerliches Mittel"
der Sittlichkeit und insbesondere der Keuschheit. Durch blofses
Befehlen, Lehren, Warnen, Strafen entsteht aber keine gute
Gewohnheit. Übung, wirkliche Übung ist das eigentliche Mittel.
Da die eigentliche moralische Erziehung hauptsächlich in Übung
besteht, so kam Basedow auf die Gedanken, die er schon in der
„Vorstellung" entwickelt hat, namentlich auf den unglücklichen
Vorschlag, den eigentlichen Lehrern in jeder Schule einen „Edu-
cator", dessen Hauptgeschäft sei, „nur durch Übungen die Tugend
zu lehren", beizugeben. Ungefähr im 15. Jahre soll der Zögling
in Begleitung seines Erziehers ein Lazareth besuchen und sehen,
wie die Huren und Ehebrecher und Ehebrecherinnen durch
häfsliche und höchst schmerzhafte Krankheiten für ihre ehemals gering geachtete Sünde büfsen. Als ein Verdienst Basedows kann man hervorheben seinen Versuch, die ganze Bibel
aus den Händen der Schüler zu entfernen und sie durch eine
Art Schulbibel, einen Auszug aus der Bibel zu ersetzen.

Einen sehr interessanten Teil von Basedows Gedanken
über die Erziehung enthält der zweite Abschnitt seines Me-
thodenbuchs, wo er zum Teil in Übereinstimmung mit La Chalotais, in der Hauptsache aber nach Martin Ehlers (s. S. 8), die

Notwendigkeit einer Staatsaufsicht über Moralität, Erziehung, Schulen und Studium fordert und von einigen Fehlern derselben redet. Ausgehend von dem Prinzip der Nützlichkeit, sucht Basedow in dem Wesen der Schulen und des Studiums eines der brauchbarsten und sichersten Werkzeuge, den ganzen Staat nach seiner besonderen Beschaffenheit glücklich zu machen oder zu erhalten, denn „die Glückseligkeit des Staates sei von der gemeinen Glückseligkeit der Bewohner nicht unterschieden.“ (Göring: Basedows ausgewählte Schriften, Methodenbuch: S. 186.) Er will das Recht der ganzen Jugenderziehung allein als Recht des Staates anerkannt wissen. Noch in seiner „Vorstellung an Menschenfreunde“ verlangte er die Einrichtung eines Staatscollegiums oder Moralitäts- und Educationsconseils. Wegen seines kühnen Angriffs auf das Recht der Kirche wurde Basedow von Seiten der Orthodoxen lebhaft bekämpft. Besonders der Göttinger Professor Schlözer scheute in der Vorrede zu seiner Übersetzung von La Chalotais' „Versuch über den Kinder-Unterricht“ (1771. Göttingen und Gotha) keine Mühe, um das ganze Unternehmen Basedows mit seinem „Methodenbuch“ und „Elementarwerk“ einer „affaire de finance“ zuzuschreiben. Diese Entrüstung des Göttinger Professors ist insofern von Wichtigkeit gewesen, als man auf die enge Verwandtschaft von Basedows Hauptgedanken über die nationale Erziehung mit denen des La Chalotais nachdrücklich aufmerksam gemacht wurde. Basedow vertoidigte sich heftig gegen diesen „schmutzigen Verdacht“ und erklärte, wie seine Lehre in sehr vielen Punkten von jener des gelehrten französischen Schriftstellers sich unterscheidet. Dabei leugnete er aber nicht, dafs La Chalotais ihm bekannt sei und „sobald er da war,“ sagt er, „habe ich ihn gelesen und mit Vergnügen von ihm gelernt. was er mich lehren konnte. Alles dieses, aber noch viel mal mehr als dieses (und sowohl überhaupt, als auch insbesondere für die Deutschen weit brauchbareres) findet der Leser, der sehen will, in meinem Methodenbuch.“ (Vierteljährige Nachrichten: II. Stück, S. 34.) Kann sein, dafs diese Ausführungen sich nur auf die Übersetzung von La Chalotais' Gedanken über Erziehung beziehen. Es ist aber für uns sehr unwahrscheinlich, denn Basedow selbst sagt: „als die Schutzschrift wider den Herrn Schlözer schon fertig war, las ich abermals, weil ich das Original nicht bei der Hand habe, diese

Übersetzung." (Vierteljährige Nachrichten: III. Stück; S. 61.) Ist das aber nicht der Fall, und hat Basedow die Gedanken über nationale Erziehung von Ehlers oder La Chalotais*) entlehnt, so muſs man es gewiſs als ein groſses Verdienst von ihm bezeichnen, daſs er sich in einer Zeit, wo es nicht nur ungewöhnlich, sondern äuſserst bedenklich war, einen solchen Kampf gegen die Kirche zu eröffnen, nicht scheute, den Apostel dieser kühnen Gedanken zu machen.

Eine Ähnlichkeit in den Gedanken dieser beiden Männer ist auch in Bezug auf die Methode und bei dem Unterricht in den verschiedenen Fächern zu bemerken. Erwähnenswert ist ferner die auffallende Verwandtschaft der Gedanken, wo es sich um die Notwendigkeit handelt, eine Sammlung von Schulbüchern zu veranstalten. Ein Versuch zur Verwirklichung dieser nur scheinbar von La Chalotais entlehnten Ideen sehen wir bei Basedow in seinem „Elementarwerk", doch darüber spricht er noch in seiner „Philalethie", und auſserdem sind diese Gedanken nicht ganz neu. „Würde von einer Gesellschaft sehr berühmter Gelehrter auf Veranlassung eines Staates die Zahl der Hauptwissenschaften bestimmt, würden ihre Grenzen mit einiger Genauigkeit abgezeichnet, würde in einer jeden Wissenschaft unter den vollständigsten guten Büchern ein Hauptbuch erwählt und aus den übrigen das Fehlende hinzugesetzt, würde alsdann mit diesen Zusätzen das Werk umgearbeitet und als ein neues Hauptbuch dieses Erkenntnis jährlich aus den Schriften derselben Art, mit demjenigen, was man Neues findet, vermittelst einiger besondern Zusätze vermehrt, so bin ich versichert, daſs die Kosten zu solchen Hauptbüchern jeder Gattung reichlich ersetzt würden. Sehr viele alte Bücher würden dadurch entbehrlich werden. Ein groſser Vorteil für alle Nationen und vornehmlich für diejenige, welche es zuerst anfinge!" (Göring: Basedows ausgewählte Schriften; Methoden-Buch; S. 191.) Also verlangt Basedow das, was Comenius, Diderot und andere schon früher versucht hatten.

Auſser den Büchern findet Basedow für die Verwirklichung

---

*) Anmerkung: Pinloche ist im Irrtum, wenn er meint, „ohne jede Widerlegung sei La Chalotais der erste, welcher die so eben besprochenen Gedanken, namentlich das wichtigste Prinzip, die von jeder Kirche unabhängige Staatserziehung, zum Ausdruck brachte." S. E. Künoldt, Caradeux de la Chalotais und sein Verhältnis zu Basedow, S. 38 ff.

seiner Reformpläne noch gute Lehrer als sehr nötig. Freilich konnten diese heute nicht vom Himmel fallen, infolgedessen dringt er auf die Errichtung eines Lehrerseminars. „Gute Bücher, alsdann ein Seminar der Lehrer sind nötig, ehe das öffentliche Schulwesen in einem hohen Grade verbessert werden kann. Wird diese Ordnung nicht befolgt, wird die nötige Zeit auf solche Voranstalten nicht angewendet, so giebt ein König und selbst durch einen Gefsner die weisesten Verordnungen und gröfsten Geldsummen zur Verbesserung des Schulwesens fast ohne Wirkung.“ (Methodenbuch; S. 200 — bei Göring.) Nach der Beendigung des Elementarwerks im Jahre 1774 versuchte er in Verbindung mit dem philanthropistischen Institut die Begründung einer solchen Anstalt. Im Mai 1775 kündigte Basedow für die zukünftigen Lehrer Vorlesungen über Pädagogik an und legte so nach vielen Jahren und Versuchen selbst die Hand an das Werk, in welchem sich die Reform aller Schulen vorbereiten sollte. „Ein Seminar, um Lehrer zu bilden, und ein encyklopädisches Buch, um sie zu belehren, das waren nach der Versicherung Basedows die beiden mächtigen Hebel, welche das morsche Gebäude der pädagogischen Doktrin der Vergangenheit zerstören solten; das waren die beiden Werkzeuge, welche allein fähig waren, im Gebiet der Praxis den durch „Emile“ angekündigten grofsen Umschwung zu vollziehen, und welche den zukünftigen Geschlechtern eine bessere Erziehung sichern sollten.“ Hier fufste schon Basedow auf sichererem Boden. Wenn wir heute die pädagogischen Seminarien für eine unbedingte Notwendigkeit und das sicherste Mittel für praktische und theoretische Vorbereitung eines zukünftigen Lehrers halten, was ist es zu sagen von einer Zeit, wo die Schulen in den Händen der orthodoxen Protestanten in Verfall geraten waren, und man aus den Schülern nichts weiter bilden wollte als Theologen! Es war eine Zeit, in welcher es an jeder Begeisterung, an guten Methoden, Lehrern, Rectoren, gesunden Schulzimmern etc. fehlte. Wollte man alles das verbessern, so ist wie für jedes riesige Project, von Verordnungen und Statuten allein kein grofser Erfolg zu erwarten. „Was von der Vollkommenheit so fern ist, wie die moralische und litterarische Erziehung des Menschen, das wird nicht nach einem Formulare verbessert,“ sagt Basedow selbst (Göring: Basedows ausgewählte Schriften; S. 47.) Wie glaublich es auch

ist, dafs Basedow schon 32 Jahre vorher in Dänemark zu Soroe
und hernach zu Altona ein solches Institut gründen wollte und
es nicht that, nicht, weil man an seiner Fähigkeit zweifelte,
sondern aus unbekannten Ursachen, so ist es anderseits unstreitig, dafs er damit nichts Neues gebracht hat. Aus dem
berühmten Bericht der Giefsener Professoren Helwig und Junge
1613 wissen wir, dafs nicht nur selbst Ratichius, sondern auch
die Regierung des Fürsten Ludwig von Anhalt mit einer Anzahl gelehrter Leute und Schulmänner die Verwirklichung der
zuerst von Ratke ausgesprochenen Wertschätzung der theore-
tischen und praktischen Bildung der Lehrer auf dem Gebiete
der Pädagogik ernstlich in die Hand genommen und man
sogar im Köthener Schlofs einen Privatcursus, verbunden mit
Musterlectionen, eröffnete und so das erste pädagogische Seminar gegründet hat. Komensky und den Jesuiten waren diese
Gedanken auch nicht fremd, und wenn in der Praxis diese eben
bei ihnen keine Förderung erfuhren, so dauerte es nicht lange,
bis in unmittelbarem Anschlufs an Ratichius' Gedanken Aug.
Herm. Francke im Jahre 1707 das seminarium selectum præcep-
torum für die Lehrer gründete. Basedow kannte Ratke, Komensky, Francke und Gefsner, der 1737 die Einrichtung eines
philologisch-pädagogischen Seminars zu Göttingen unternahm.
Dafs er die Notwendigkeit einer pädagogischen Vorbereitung
für die Lehrer betonte, kann also keineswegs von Jemand für
eine Originalidee Basedows gehalten werden. (Über pädagogische Seminarien für das höhere Lehramt von Dr. H. Schiller.
Leipzig. 1890.)

Aufser den Büchern und der Schule ist auch das Theater
ein wirksames Mittel für die öffentliche Erziehung. Basedow
verlangt zwei verschiedene Theater: für die höheren und für
die niederen Stände. Wegen dieser seiner Ansicht und im
Hinblick darauf, dafs Basedow sich in seinen Vorschlägen und
seiner Schularbeit nur auf eine bestimmte Klasse, nämlich auf
die gesitteten Stände von den Prinzen an bis zu den Kindern
von Handelsmännern oder angesehenen Künstlern beschränkte,
blieben dem, sonst so demokratisch gesinnten Mann, Vorwürfe
nicht erspart. Seine pädagogischen Gedanken für die gesitteten
Stände zu bestimmen lag, als selbstverständlich, in dem pädagogischen Geist dieser Zeit. Locke, Fénélon, Fleury, sogar der
demokratische Rousseau schrieben für die höhere Gesellschaft

und beschäftigten sich nur mit den aristokratischen Klassen. La Chalotais war eigentlich der erste, welcher die Stimme für die Notwendigkeit einer Volkserziehung erhoben hat. Basedow giebt sich, nicht minder klug, volksfreundlich und voll von Menschenliebe. Die Kinder des grofsen Haufens läfst er nicht unbeachtet. Am „Meritentage" im Dessauer Philanthropin wurde der Reichtum geschätzt, je nachdem die Eltern aufserhalb der Pension Wohlthaten erwiesen, um arme Famulanten zu unterrichten und zu erhalten. An vermögende Wohlthäter richtete er die Bitte, armen Knaben: Russen, Polen, Schweden oder Deutschen durch Unterstützung den Eintritt in das Philanthropin zu ermöglichen, wo man sie zu Lehrern in vornehmen Häusern und in Schulen, zu Schulmeistern auf dem Land und in niederen Schulen vorbereiten werde. Hierher gehört auch die ihm vorschwebende Einrichtung von Universitäten und besonderen Schulen für das niedere Volk, die Einrichtung von Armenhäusern, Waisenhäusern, Blinden- und Taubstummenanstalten und überhaupt „eine solche Einrichtung in allen Reichen und Provinzen, dafs ein jeder Bettler für einen Verbrecher gehalten werden dürfe, da ein Blinder seine Hände und Füfse, ein Tauber das Gesicht und alle Glieder hatte. Ist aber jedes Armenhaus schon so eingerichtet, dafs die brauchbaren Kräfte seiner Bewohner mit Nutzen können angewendet werden?" (Methodenbuch: S. 189; nach Göring.)

Das Theater, die Schulen, Bibliotheken, die ganze Presse u. s. w. sollen nach Basedow unter Aufsicht des Staates oder, wie er es nennt, unter Aufsicht des Staatskollegiums stehen. Eine sehr moderne Ansicht zeigt sich bei Basedow in seinen Gedanken über Töchtererziehung. Von Rousseau weicht er hier sehr wenig ab. Im allgemeinen läfst er nach einer kleinen Beschreibung des Unterschiedes zwischen dem männlichen und weiblichen Geschlecht nach Beruf, Natur und Stellung den scharfsinnigen Philosophen reden. An erster Stelle steht auch hier die Sorge um eine gute physische Erziehung. Da die Frauen aber keine besondere Leibesstärke bedürfen, läfst er allein die Ärzte ihnen Ratschläge über die Gesundheit geben. „Dennoch müssen wir solche Einrichtungen so machen, dafs weibliche Beschäftigungen, die langes Stillsitzen oder eine gebogene Stellung erfordern, mit andern, die der Gesundheit zuträgliche sind, oft genug abgewechselt werden." (Methoden-

3*

buch, S. 178; nach Göring.) Da die Frau bestimmt ist, durch ihre Annehmlichkeit dem Manne zu gefallen, so mufs man sie schon als Mädchen gewöhnen an eine vornehme, aber etwas feine Stimme. Starke Bewegung, scharfe Getränke und ein kräftiges Geräusch beim Niesen, Lachen und Husten ist für sie noch unanständiger als für Knaben. Ihre Kleider mögen immer etwas mehr Sorgfalt und Zwang erfordern, als die Kleider der Männer. Reinlichkeit und Zierde müssen ihnen auch wichtig sein. Doch den Zierrat sollen sie nicht nach dem Preise des Stoffes und der Form schätzen, sondern vielmehr etwas Wohlfeileres und das, welches man selbst machen kann, vorziehen. Die Mutter und Aufseherin soll hier und überall durch ihr Beispiel voran gehen, denn „wenn die Mütter und Französinnen oder andere Aufseherinnen nicht wenigstens die meiste Zeit und zwar im Beisein der Töchter mit haushälterischen Verrichtungen zubringen, wenn die Mütter sich nur putzen, Besuche geben und annehmen, spielen und tanzen oder sich mit Schauspielen belustigen, wenn die Französin sich nur mit Büchern und allenfalls mit der Nadel beschäftigt und, so bald sie kann, auf irgend eine Art müfsig geht, so sehe ich fast nicht, wie die ihnen anvertrauten Töchter haushälterisch werden können." (Methodenbuch: S. 182; bei Göring.) An Haushaltung, Sauberkeit, Sparsamkeit, angenehmen Verkehr in Gesellschaft etc. gewöhnt man die Mädchen am besten schon von der frühsten Jugend durch Befehle, Beispiel und Übung. Sehr auffallend erscheinen hier Basedows Gedanken über das sogenannte Gesellschaftsspiel, wo der Gesellschaftstrieb des weiblichen Geschlechts mit Arbeitsamkeit verbunden wird. Wenn Basedow als Spielzeuge für die Kinder die Puppen und Modelle von allen Dingen, die zum Hauswesen gehören: Wagschalen, Maafsen und Gewichten, Abgüsse von gewöhnlichen Münzen, Küchengeräten u.s.w. auswählt, so läfst er auch hier sein Prinzip der Nützlichkeit walten. Das Ziel der Töchtererziehung soll sein, gute, zufriedene Frauen zu erziehen, die mit Liebe und Lust ihre Beschäftigung in dem Haus ausüben und erfahrene und arbeitsame Hausmütter und glückliche Freundinnen ihrer Männer sind. Nicht für die Geschäfte des Staates und der Kirche, sondern für das häusliche Leben und alle Pflichten desselben soll man die Töchter erziehen. Auf diesem Gebiete geht jedoch Basedow etwas weiter als Rousseau, indem er der weiblichen Thatkraft neue

Gebiete erschliefst und den Kampf ums Dasein diesem Geschlecht zu erleichtern sucht. Die Seele der Frau hat gewöhnlich weder mehr, noch weniger Verstandeskräfte, als die des Mannes, also bei sonst gleichen Umständen kann das Frauenzimmer alles lernen, was von Männern gelernt wird, und es soll geschehen, da das Schicksal der Familie veränderlich ist, da es viele häfsliche und gebrechliche Mädchen und viele andere giebt, die nach den jetzigen Sitten, ihrer Armut halber, in Gefahr sind, von einem würdigen Manne, der sich an sie wagen darf, nicht zur Ehe verlangt zu werden. Diese und viele ähnliche Fälle sollen die Eltern von Stande voraussetzen und ihre Töchter so ausbilden, dafs sie das Nötige für ihr Dasein ehrlich zu erwerben im Stande sind, ohne die Verheirateten dabei beneiden zu müssen. In Bezug auf den Unterricht der Mädchen läfst Basedow überall Rousseau reden. Es genügt, dafs sie lernen, „verständlich und mit Anstand zu sagen, was sie zu sagen vornehmen, vernehmlich und der Sachkenntnis gemäfs zu lesen, leserlich und mit solchen Zügen zu schreiben, dafs der Anblick keinen Ekel verursache." Zu einer Poetin oder Meisterin der Künste wünscht Basedow auf keinen Fall seine Töchter zu bilden. Musik, singen, tanzen und zeichnen soll sie so viel erwerben, als nötig ist, sich zuweilen mit der Ausübung zu ergötzen und den zufälligen Beurteilern keinen Ekel zu erwecken. „Von der Geschichte, Geographie, Mythologie, Kenntnis der Altertümer, Naturgeschichte und einigen philosophischen Erkenntnissen bedürfen die Mädchen, wenn nur die Mütter und Aufseherinnen oft auf eine lehrreiche Art sich mit ihnen zu unterreden gewohnt sind, gewifs keines weitläufigeren Unterrichtes, als derjenige ist, welchen ich in dem Elementarwerke und der Fortsetzung desselben teils veranlafst habe, teils veranlassen werde." (Methodenbuch: S. 183; nach Göring.)

Bis jetzt ward das Verhältnis Basedows zur zeitgenössischen Philosophie erörtert; aber die wesentlichste Seite seiner Thätigkeit bliebe unberücksichtigt, wenn nicht die praktische Anwendung seiner philosophischen Anschauungen auf pädagogischem Gebiete nachgewiesen würde.

Basedows praktische Thätigkeit als Pädagog bewies sich zuerst in der Erziehung des siebenjährigen Josias von Qualen in einem Zeitraum von vier vollen Jahren. Sein Zögling konnte schon mit 10 Jahren Latein sprechen, schreiben, mit Verstand

Bücher lesen und sehr geläufig aus dem Latein ins Deutsch
übersetzen. In Geschichte, Geographie, Religion u. s. w. waren
seine Kenntnisse so umfassend, wie die eines Gymnasiasten auf
viel höherer Altersstufe. Als Ergebnis seiner praktischen Thätigkeit verfafste B. seine Dissertation: „Inusitata et optima hone-
stioris iuventutis erudiendae methodus." Kiel 1752.

Der ehrgeizige Basedow beeilte sich, seine neue, doch in
ihren Grundlagen durch und durch von Locke und Comenius
abhängige Methode der Welt zu verkündigen. Die „Methodus
inusitata" enthält eigentlich die Grundlage des ganzen Basedowischen Erziehungssystems. Der Hauptsatz, den Basedow in
seiner Methode aufstellt, ist nichts weiter, als eine Wieder-
holung des schon vor hundert Jahren von Comenius, Baco,
Locke etc. erwähnten Satzes: „es ist nichts in dem Verstand,
was nicht zuvor im Sinne gewesen" und vor Basedow betonte
in Deutschland nicht nur der berühmte Gesner die Notwendigkeit, die Worte von den Sachen nicht zu trennen, sondern
empfahl sogar damals den gut bekannten „Orbis Pictus". Basedow
selbst nahm da, wo es nicht möglich war, seinen Unterricht an
Objekte zu knüpfen, das Büchlein zu Hilfe. In Übereinstimmung
mit Locke und Montaigne betrachtet er den Unterricht als
Mittel zu der Erziehung. Wegen seiner Wichtigkeit soll der
Unterricht früher angefangen und nach Komensky und Rousseau
von der Mutter erteilt werden. Die erste Übung in dieser
Lehrzeit soll sein: die Benennung der den Kindern schon bekannten oder bald bekannt werdenden Dinge. Der Unterricht
soll immer spielend und anschaulich geleitet werden, „da die
Jahre der ersten Jugend gehören, gröfstenteils dem Wachs-
tume, der Munterkeit, der Übung des Körpers und der Aufmerksamkeit auf die äufserlichen Handlungen, nicht aber denjenigen
Übungen des Verstandes und Gedächtnisses, durch welche fast
alle genannten Thätigkeiten verhindert werden." (Methodenbuch: S. 93; nach Göring.) Mit Zwang und übermäfsiger An-
strengung eine Vielwisserei zu erlangen, ist unmöglich, und
Basedow selbst, der in der untersten Klasse der Johannisschule
unbarmherzig mit Auswendiglernen, Memorieren und anderen
zahllosen Dingen geplagt worden war, spricht sich gegen diese
Quälerei noch in seiner Methodus inusitata energisch aus. Dieser
sein Eifer in dem Kampf gegen frühzeitige Vielwisserei stehet
in Einklang mit Rousseaus Lehre, nach welcher sein „Emile"

bis zum 12. Jahr aufser dem grofsen Buch der Natur kein anderes in die Hände bekommen soll. Andererseits nimmt aber Basedow auf dem Gebiete der Praxis eine ganz entgegengesetzte Stellung ein, indem er das ganze erste Buch des Elementarwerks für den Zögling bis zu seinem 10. bis 12. Jahre bestimmt. Seine eigene, von Wolke unterrichtete Tochter Emilie sprach bereits mit 9 Jahren fertig Latein.

„Unmerklich und zufällig mufs Anfangs der Unterricht gegeben werden, und Scheltworte, Hunger und Schläge müssen niemals Bewegungsgründe der Aufmerksamkeit und des Fleifses werden" (Praktische Philosophie: S. 559), sondern jede Arbeit der Jugend ist möglichst in ein scheinbares Spiel und Vergnügen zu verwandeln. Die erste Forderung ist, dafs der Unterricht Interesse in der Seele der Kinder erwecke. Das Interesse als Grundlage des Unterrichts spielt bei Basedow, überhaupt bei den Philanthropisten eine grofse Rolle; er erhebt die Forderung, dafs die mitgeteilte Sache der individuellen Entwickelung der Schüler entspreche. Auf diesem so formulierten Satz gründet sich auch das von Comenius entwickelte didaktische Prinzip, immer vom Leichteren zum Schwereren überzugehen und den Geist des Zöglings vor jeder Überladung und Zwang zu bewahren. „Nicht viel, aber mit Lust! Nicht viel, aber in elementarischer Ordnung, die vom Leichtern zum Schwereren fortschreitet und in der Grundlage keine Lücken und Schwächen bleiben läfst, welche mit der Zeit dem ganzen Baue schaden können! Plaget euere Kinder niemals durch den Befehl, sich mit Memorieren zu beschäftigen. Lafst niemals eine Reihe von Wörtern memorieren, die es einmal ohne Schaden vergessen wird" (Methodenbuch: S. 94; nach Göring), und ausdrücklich verlangte er oft wirkliche Sachkenntnisse, die, anstatt das Gedächtnifs mit Wörtern zu füllen, dem Verstand neue Vorstellungen geben könnten. Etwas Naturgeschichte, Mathematik und Physik reichen von Anfang aus. Der Sachunterricht wird gelegentlich durch Gespräche erteilt. Spielend, leicht und angenehm lernte der junge Qualen beim Ziehen seines Kinderwagens, an dem Fenster und dessen Kanten, an den Thüren, Stühlen, durch Äpfel, Birnen, im Zimmer, im Hofe, auf Spaziergängen etc. alle vorkommenden mathematischen Figuren und deren Nutzen und Gebrauch, die Zahlen und deren Teile, Latein sprechen und die ganze Natur kennen. Mit Betonung

der Notwendigkeit von Sachkenntnissen fußt Basedow auf
Komensky, welcher forderte, „nicht Dinge aus Utopien, oder
platonische Ideen sollen gelehrt werden, sondern wirkliche vorhandene Sachen, Gegenstände aus unserer Umgebung, deren
wahre Kenntnis wahren Nutzen für das Leben bringt. Auf
diese Weise werde sich der Geist eifrig damit beschäftigen
und genau untersuchen." (Comenii opera omnia tom. I pag. 118.)
Bei der Auswahl der Unterrichtsgegenstände läßt er sich fast
nur von dem Nützlichkeitsprinzip leiten. Das Prinzip der Nützlichkeit spielt hier wie bei Komensky die Hauptrolle: „Nicht
viel, aber nützliche Sachen, die man ohne Schaden niemals
vergessen darf." Den ersten Platz räumt Basedow im allgemeinen mit Comenius, Locke und Rousseau den Realien ein,
und das achte und neunte Buch seines Elementarwerks widmet
er der Naturkunde. Die betreffenden Kenntnisse sollen aber
die Kinder, so viel als möglich, nicht aus bloßen Büchern erwerben, sondern die Dinge selbst kennen lernen und durch-
forschen. Das Kind soll nicht nur die Teile einer Uhr oder
Maschine nennen, um sich deren Figuren vorzustellen, sondern sie zerlegen, zusammensetzen und auf diesem Weg von
der Kraft und dem Wirken jedes Teils eines ganzen Werkes
den richtigen Begriff bekommen. Diese für das zarteste Kindes-
alter passende Methode, durch welche die Sinne geübt, Sach-
und Wortkenntnisse zugleich vermittelt werden, ist der jetzt
so bekannte Anschauungsunterricht. Da man aber nicht im
Stande ist, alle Gegenstände in Wirklichkeit zu zeigen und zu
beobachten, so kam Komensky auf den Gedanken, sich mit
Abbildungen zu helfen. Basedow benützte ebenfalls seinen
„Orbis pictus", ahmte ihm nach, indem er sein Elementarwerk
mit 100 Kupferstichen, nach denen man den Unterricht in
Dessau leitete, versah, und erwähnt wiederholt die Notwendig-
keit eines Realkabinets von Naturalien und Modellen. Die
Geographie wurde auch an zwei auf dém Felde aufgeworfenen
großen Halbkugeln gelernt, deren Fläche sich in Land,
Wasser etc. unterschied, und auf denen man gehen und springen
konnte. „Hinzu sollen kommen lehrreiches Spielzeug für die kleine
Jugend, Werkzeug zu Versuchen, mäßige Naturaliensammlungen,
Modelle von vielen Dingen, ferner solche Tabellen [welche, auf-
gehängt, einer ganzen Schule lesbar sind (vergl. Komensky's
Schule in Patak)], von jeder Beschäftigung des Namensgedächt-

nisses eine wohlgeordnete Sammlung von Kupferstichen, um die
Geographie, Historie, Kunstkenntnis, Naturkunde und selbst
die Sittenlehre sinnlich zu machen." (Praktische Philosophie:
2. Aufl. II. T. S. 106.) Nachdem die Seele der Kinder etwas
ausgebildet ist, giebt man ihnen Dinge aus der Erfahrung,
Umgebung und in der Praxis kennen zu lernen. Da unsere
eigene Erfahrung aber zu beschränkt ist und gewöhnlich zu
spät kommt, bedürfen wir also Nachrichten von Fremden. Wie
Rousseau und La Chalotais hilft sich hier Basedow mit denk-
würdigen Beispielen der Tugend oder des Lasters; bringt
Lebensbeschreibungen grofser Männer von aller Art und Ständen,
Biographien von Helden, Gelehrten, berühmten Frauenzimmern,
Kindern und andere Schilderungen aus Livius, Tacitus, Virgil,
Ovid, Horaz, Cäsar etc.

Die klassischen Schriftsteller, welche Basedow zuläfst, bekommen aber die Kinder nicht in die Hände, sondern eine
weitläufige Chrestomathie aus denselben. „Basedow arbeitete
selbst eine Chrestomathie aus Ovid und Horaz, sowie eine
solche der alten Geschichte aus lateinischen Historikern und
gab eine verkürzte Bearbeitung der Colloquia des Erasmus
Corderus und Vives heraus." (Schiller: Geschichte der Pädagogik; S. 274.) Damit die moralischen Lehren Eingang in die
Tiefen der Seele und des menschlichen Herzens finden, sollen
sie durch Erzählungen bestätigt werden. Ist das nicht der Fall,
so haben sie auf die Seele keine dauerhafte Wirkung. „Weifs
der Lehrer," fügt Basedow hinzu, „keine wahre Geschichte,
die seinem Zwecke völlig gemäfs ist, so soll er sich einer er-
dichteten Erzählung oder Fabel bedienen." Diese Forderungen
finden wir schon bei Rousseau. Aber Basedow ging noch
weiter. Er verlangt in seinem Elementarwerk, dafs in jedem
Haus wenigstens eine kurze Tugendlehre vorgelegt werde,
worin die Pflichten, die ein jeder in demselben zu beobachten
hat, aufgezeichnet seien. Wir haben aufserdem schon einmal
erwähnt, dafs die Worte „Pflicht", „Gehorsam" etc. in dem
Wörterbuch des „Emile" ganz fehlen. Basedow dagegen dringt
darauf, dafs die Kinder nach jedem gelesenen Gesetze ant-
worten sollen „wir wollen gehorchen", „wir wollen weise werden" etc. Also der Unterricht, sowohl im Hause als in der
Schule, soll ein kleiner Teil und Anhang der Erziehung sein,
und die Erziehung fördern oder, wie man jetzt zu sagen pflegt,

„der erziehende Unterricht" werden. Ohne Erziehung ist der
Unterricht nichts. Freilich will es wenig dazu passen, dafs die
moralische Erziehung in der Schule der Edukator leitet. Dieser
Edukator oder Tugendlehrer mufs zugleich für die Entwickelung
aller möglichen Tugenden in der Seele der Kinder Sorge tragen.
Übung und Gewöhnung sind bekanntlich die besten Mittel
dafür: „kein Tag darf vergehen, wo die Schüler nicht gewöhnt
werden, einige Gedanken zu gewissen Zwecken und gute Aus-
drücke zu erfinden und ihren Vortrag bald zu verkürzen, bald
zu verlängern etc." (Philalethie: S. 329.) Nebst Übungen und
Erfahrungen, Gewöhnung und Lehrern gehören auch noch die
Bücher zu dem Unterricht. Jede Wissenschaft erfordert ihr
Buch. Aber es wäre sehr nützlich, wenn sie allesamt von einem
Manne gemacht würden, und die ganze Bibliothek nur ein Buch
wäre, das für die Schulen der Studierenden zureichte, und zugleich einen Plan des Unterrichts gäbe. Für die Eltern bestimmt
Basedow sein Methodenbuch und für die Kinder das Elementarbuch. „Im eigentlichen Unterrichte, sowohl in der Organisation
als in der Methodik, haben sich die Philanthropisten von den
Utopieen Rousseaus gänzlich frei gehalten." (Schiller: Geschichte
der Pädagogik; S. 269.)

„Es ist lobend anzuerkennen," sagt Pinloche mit Recht,
„dafs die Philanthropisten die Notwendigkeit nachgewiesen
haben, ins Erziehungsprogramm eine Menge in der That nützliche Dinge aufzunehmen, welchen die scholastische Pädagogik
die Aufnahme verweigert hatte." Wenn mehrfach nur zwei
lobenswerte Dinge am Philanthropismus zugegeben werden,
nämlich die Behandlung der Religion und die physische Erziehung, so trifft dies nicht zu, da man in erster Linie hierbei
den Unterricht in der Sprache und insbesondere der deutschen Sprache vergifst. Die Sprachen sind Basedow (hier
schliefst er sich an Locke an) nicht Zweck, sondern nur ein
Mittel zur Bildung. Demgemäfs sind nicht alle Sprachen zu
lernen, sondern nur die notwendigen, die nützlichen. An erster
Stelle verlangt er, dafs das Kind im Lauf seiner ersten sechs
Lebensjahre sich in die Muttersprache einlebe, da dieselbe, wie
bei Ratichius, überall bei der Erlernung einer fremden Sprache
oder einer Wissenschaft zu Hilfe genommen wird. Zuerst
äufserte Basedow sein Interesse an der deutschen Sprache und
Litteratur in einem, unter dem Eindruck der Gottsched'schen

Grammatik, herausgegebenen „Lehrbuch prosaischer und poetischer Wohlredenheit." (Kopenhagen 1765.) Nach der Begründung des Dessauischen Instituts trat er wiederum mit diesen Gedanken an die Öffentlichkeit, und mit einer Anzahl von Männern, welche an jener grofsen, auf eine völlige Umgestaltung der Erziehung und des Unterrichtswesens abzielenden Bewegung teilnahmen, betonte er ausdrücklich die Notwendigkeit der Einführung des Unterrichts in deutscher Sprache und Litteratur in die Lehrpläne der höheren Schulen. Das Endziel der Philanthropisten bei Erlernung der Muttersprache war guter mündlicher und schriftlicher Ausdruck der Schüler und Lehrer. Um das zu erreichen, braucht man keine Grammatik, wie es bis jetzt der Fall war, da man in einer Sprache ein musterhafter Schriftsteller sein kann, ohne jemals etwas von der Grammatik derselben zu wissen, blofs durch Hören, Reden und Nachahmen. Diese Übungen sollen früh anfangen und, wie wir gesehen haben, fallen sie in die erste Zeit des Kindesalters. Mit Locke schlägt Basedow vor, dafs die Kinder von den ersten Jahren an nur mit solchen Personen umgehen, welche die Landessprache in gewissem Grade richtig reden; von den Lehrern wird auch verlangt, dafs sie durch ihr Vorlesen den Schülern ein gutes Beispiel zum Nachahmen geben. Zum guten Lesen gehört nicht nur eine gute Aussprache der einzelnen Buchstaben, Silben und Wörter, nicht nur mechanische Fertigkeit im fliefsenden Vortrag von Sätzen und Perioden, sondern auch eine richtige Abmessung des Tones und geschickte Modulation der Stimme. (K. Kehrbach: Mitteilungen der Gesellschaft für deutsche Erziehungs- und Schulgeschichte. VII. Jahrgang, IV. Heft.) Kinderschauspiele können dazu auch viel beitragen.

Das Lesen soll spielend erlernt werden, und Basedow war bis in sein Alter praktisch und theoretisch thätig, um eine Methode zu erfinden, welche ein früheres und rasches Lesenlernen möglich mache und die Kinder mit Lust zu lernen erfülle, doch ist er bei allen diesen Bemühungen über die Buchstabiermethode und den von Locke so gut entwickelten spielenden Unterricht nicht hinausgekommen. „Durch Spiel lernte Franz, ehe er zwei Jahre alt war, solche Sätze sagen, als: „wir wollen heute spazieren gehen, wenn man ihm nur die Namen der Buchstaben nannte, wobei aber nach dem Namen des letzten

Buchstabens einer Silbe eine halbe Pause und nach dem letzten Buchstaben eines Wortes eine ganze Pause gemacht ward. Z. B.: w, i, r — w, o, l; l, e, n — h, e, u; t, e — s, p, a; z, i, e; r, e, n — g, e; h, e, n.“ (Elementarwerk: S. 271.) Den Leseübungen gingen zweierlei Spiele voraus. Es waren die sogenannten Übungen der Sprachwerkzeuge: die Erlernung der Vokale und Konsonanten. Um diese Übungen, wie bei dem Lesen, angenehm zu machen, wählt Basedow in seinen Übungsbüchern diejenigen Wörter und Sätze für Nachsprechen und Lesen, deren Inhalt den Kindern lieb ist: Brod, Butter, Apfel, Suppe, Milch, Pferd, Trommel, Hund, Mutter etc., lauter Namen angenehmer Sachen. Hand in Hand mit den mündlichen Übungen der Sprache gehen auch die schriftlichen. Zuerst sollen die Kinder ein Zimmer, ein Haus, Hof, Garten, die Strafse etc. beschreiben und im Anschlufs daran Lebensbeschreibungen und Charakteristiken anfertigen. Unter Anführung seines Lehrers soll jeder Schüler wöchentlich wenigstens einmal einen Brief schreiben. Darauf legt er grofsen Wert, und betont es als notwendig sogar für jedes Mädchen. Um die nötige Sicherheit in der Orthographie zu erzielen, sollen die Übungen in Verbindung mit den grammatikalischen Regeln stehen, ohne dafs jedoch die Schüler eine wirkliche Grammatik in ihre Hände bekommen. Die Regeln der Sprachkunst werden den Kindern nur dann auseinandergesetzt, wenn sie einige Fertigkeit im korrekten Gebrauche der Sprache erlangt, d. h. wenn sie Fertigkeit im Verstehen, Reden und Schreiben erworben haben. Der grammatische Unterricht beginnt mit der allgemeinen oder philosophischen Anweisung der Grammatik, und nur die zum Studium bestimmten Schüler lernen die richtige Grammatik ein ganzes Halbjahr. Nach der Erlernung des mechanischen Lesens ging man zu Lesestücken und zur Lektüre über. Bei der Auswahl der Lektüre hielt Basedow darauf, dafs alles Mitzuteilende der Auffassungskraft der Kinder entspreche. In der ersten und zweiten Klasse des Philanthropins sind die damals üblichen, für diesen Zweck verfafsten Lesebücher von Rochow und Weifses „Kinderfreund“, „Sittenbüchlein für Kinder in gesitteten Ständen“ von Campe, Federsens „Beispiele der Weisheit und Tugend“ etc. eingeführt gewesen. Für die akademische Abteilung schliefst man an das Studium der besten vaterländischen Schriftsteller: Gellert, Gesner, Göckingk, E. v. Kleist,

Klopstock, Weifse etc. eine kurze Übersicht der deutschen
Litteratur an. Hinsichtlich der Rhetorik ist Basedow eigent-
lich der Meinung Rousseaus, nämlich dafs bis zum fünfzehnten
Jahre die Jugend keine besonderen, von den Schulübungen
getrennten Anweisungen über die Wohlredenheit brauche.
Seine Lehren und Anweisungen für die Übungen der Wohl-
redenheit für die Zöglinge sind in dem zweiten Anhang des
„Provocabularium Cellarianum und Grammatica und Rhetorica“,
Dessau 1776, enthalten.
Dank der Reform der Philanthropisten konnte sich end-
lich am Ende des 18. Jahrhunderts die Muttersprache, die bis
jetzt ein Stiefkind der Schule gewesen war, neben dem im
Vordergrunde der Lehrpläne stehenden Latein eine feste Stellung erwerben. „Den Philanthropisten aber sei ihr Wollen und
Wirken für die Einführung der deutschen Sprache und Litteratur in die Unterrichtspläne der höheren Schulen unvergessen.“
(K. Kehrbach in seiner Zeitschrift.)
Ist es nun auch das Verdienst der Philanthropisten, dafs
man nach ihnen dem Unterrichte in der Muttersprache eine so
grofse Pflege und Sorgfalt angedeihen liefs, so soll es doch
nicht unerwähnt bleiben, dafs sie und insbesondere Basedow
nicht die ersten waren, welche eine gröfsere Berücksichtigung
der Muttersprache im Unterricht forderten. Denn bekanntlich
erhoben sich schon im 16. und 17. Jahrhundert Stimmen, um
für die deutsche Sprache eine gleichberechtigte Stellung mit
dem Latein an den Universitäten zu erlangen. Hier sind zu
nennen Heverlingh, Thomasius etc. Etwas später fehlten sogar praktische Versuche nicht, und bei den reformatorischen
Bestrebungen eines Ratke, Komensky fanden solche in Weimar,
Gotha, Köthen und anderen Orten statt. Während der Zeit
Basedows gruppierte sich alles Streben für die deutsche Sprache
und Litteratur um Gottsched, dessen grammatische Arbeiten
weithin gewaltigen Eindruck machten und zahlreiche Bearbeiter
fanden, unter welche auch der spätere Begründer des Dessauischen Philanthropiums gehört. (K. Kehrbach.)
Schliefslich verlangte Basedow bezüglich der Muttersprache
und des Unterrichts darin nichts weiter, als die Verwirklichung
von Lockes Gedanken, welche H. Schiller in seiner Geschichte
der Pädagogik (S. 148; 3. Aufl.) sehr treffend in folgenden
Worten zusammengestellt hat: „Fertigkeit, Klarheit und Ele-

ganz im Gebrauche der Muttersprache, die jeder junge Mensch von Bildung besitzen mufs, müssen durch Lesen guter Schriftsteller, durch reichliche Übungen im Erzählen und im freien Vortrage, durch schriftliche Ausarbeitungen und grammatische Unterweisung herbeigeführt werden; die Regeln der Logik und Rhetorik haben dafür keinerlei Wert." In Bezug auf die Bedeutung der fremden Sprachen und ihre Erlernung in der Schule führen uns Basedows Ansichten auf Comenius, Ratke, Montaigne und besonders Locke zurück. Das Prinzip der Nützlichkeit tritt hier hervor, alle Bemühungen konzentrieren sich um eine raschere und leichtere Erlernung der Sprache. Vor allen Dingen wollte man die leidige und mühselige Grammatik umgehen, da man den fortwährenden Gebrauch der Sprache für das beste Mittel zur Erlernung hielt. Basedow, Locke und Comenius fangen den Sprachunterricht mit dem Beginn des siebenten Jahres an, und zwar mit der Sprache des Nachbarvolkes, da die Sprachen erlernt werden, nicht als ob sie ein Teil der Bildung oder Weisheit wären, sondern als Mittel, Bildung zu erwerben. Demgemäfs sind nur die Sprachen zu erlernen, welche für das praktische Leben von Wert sind. Diesen schon von Comenius und Locke aufgestellten Grundsätzen schliefst sich Basedow an, indem er verlangt: „von Anfang des siebenten bis zum Ende des achten Jahres des Kindes müsse die Zeit so eingeteilt werden, dafs das Kind zweimal so viel in der französischen Sprache höre, lese und rede, als in der deutschen." (Göring: Basedows ausgewählte Schriften; S. 109.) Damit ist aber noch nicht gesagt, dafs er die toten Sprachen von der Zahl der Studienfächer ganz ausschliefst. Basedow beschäftigte sich ernstlich mit Latein und strebte sogar nach Ratkes und Comenius Verfahren dahin, die lateinische Sprache zu einer Verkehrssprache für alle Nationen zu machen. „Eine einzige allgemeine Sprache, sagt er, gegen deren Gebrauch kein Ambassadeur etwas einzuwenden hat, mufs Europa wieder lernen und es wird es wahrhaftig früh oder später thun. Ich meine das staatsgeschäftige, das lesende, das für alle europäische Reiche samt und sonders schreibende Europa. Welche Sprache wird das sein? Roms Sprache." (Für Kosmopoliten etwas zu lesen, zu denken und zu thun; S. 14.) Die griechische Sprache war wegen ihrer Beschaffenheit und ihres Reichtums an vortrefflichen Schriften zwar zweifellos die vor-

züglichste; er hat sie deshalb nebst der hebräischen beibehalten.
Die grofsen Pensionisten in Dessau haben bei Damer viermal
wöchentlich von 6—7 Uhr über Rektor Stroths Chrestomathia
graica, über Luciani Timo und Xenophontis memorabilia So-
cratis die für jeden Theologen und Juristen unentbehrlichen
Kenntnisse im Griechischen zu bekommen. Andererseits will
aber Basedow und ebenfalls Trapp nicht, „dafs das Studium
der alten Sprachen ein so allgemeiner Gegenstand des Unterrichts bleibe, als es bisher gewesen, und dafs alle übrigen
Studien diesem als Nebenzwecke, vielleicht nur als Erholungen
auf dem langen, für die meisten so dornigen Wege untergeordnet sein." (Schiller: Geschichte der Pädagogik: S. 271.)
Neben den gemeinnützlichen Sprachen Lateinisch und Franzö-
sisch ist nach Basedow für alle Schulen der gebildeten Stände
noch die englische und einigermafsen auch die italienische
Sprache sehr nützlich. So nimmt er bereits in der Wahl der
zu erlernenden Sprachen in seiner „Praktischen Philosophie"
eine gegnerische Stellung zu Rousseau ein, der die griechische,
lateinische und italienische Sprache, les langues des poètes, für
den Studienplan Emils bestimmt, denn „vor allem komme es
auf die Kultur der gesunden Vernunft an, wie sie durch das
Lesen der besten modernen Schriftsteller erworben werde."
(Schiller: Geschichte der Pädagogik: S. 272.) Wie Komensky
beginnt Basedow den Unterricht der fremden Sprachen ohne
grammatikalische Regeln mit ihrem praktischen Gebrauch,
und das einzige Ziel seiner Bemühungen bleibt, jeden Ekel,
Zwang und Verdrufs bei dieser Arbeit zu vermeiden — also
Gedanken, die man bei Komensky, Montaigne und Locke sehr
gut entwickelt finden kann. Nach Quintilians Zeugnis, sagt
Basedow selbst, lernte die römische Jugend, ehe man sie
Latein hören liefs, Griechisch, aus dem Umgange mit ihren
griechischen Aufsehern. „Michel Montaigne wünschte immer,
es möchte ein Städtchen von lauter lateinischen Pflanzbürgern
angelegt werden, wo die Kinder, die man da sollte erziehen
lassen, nichts als Latein hörten."
     Eben das schlug Ludwig dem Vierzehnten ein Mann vor,
der einen Knaben von vier Jahren im Latein so weit gebracht,
dafs er richtig sprach und anderer Fehler zu verbessern wufste.
Aufserdem verweist Basedow auf Fénélon, einen gewissen Ro-
bert Gentil. Lemaire, Tanaquil le Terre, Beer und zuletzt den

seligen Hofrat Gesner, dessen Schriften über lateinische Sprache jeder Mensch kennt. Gegen das Übermaſs und die unnatürliche Methode bei dem lateinischen Unterrichte erhob sich Basedow sehr früh, aber, wie wir oben erwähnt haben, will er diese Sprache beibehalten und, um das gewöhnliche Schulelend zu vermeiden, schlägt er die sogenannte versinnlichende Sprachmethode vor. Es soll also ein in lateinischer Sprache gut ausgebildeter Lehrer mit dem Zögling möglichst viel lateinisch sprechen, und zwar über sinnliche Dinge, die der Jugend angenehm sind. Die praktische Verwendung dieser Methode fand bei Josias von Qualen und Basedows Tochter statt und ergab gute Resultate, in dem Philanthropin aber zeigte sich nicht der gleiche Erfolg. Neben mündlichen Übungen sollen die Schüler sich mit vielem Lesen und Übersetzen helfen. Die ersten lateinischen Bücher müssen nicht „Autores classici" sein, sondern solche, welche einen Teil des Realunterrichts in der natürlichen Ordnung der Wissenschaft enthalten, eine Kindermoral, Kinderphysik, Geographie etc. (Philalethie: S. 329.), oder eine Sammlung von Auszügen. Basedow übersah, wie Komensky, den Bildungsgehalt der antiken Klassiker, und seine Stellung ihnen gegenüber ist auch in dem Studienplan des Dessauer Philanthropinismus zu erkennen. Von 10 bis 12 Uhr lernt Basedow mit den grossen Pensionisten entweder die alte Historie, oder die praktische Philosophie nach Ciceronis libris de officiis in lateinischer Sprache; die zweite Klasse hatte von 10 bis 12 Latinität von Damer über Basedowii chrestomathia hist. antiq. und Basedowii chrestomathia. Die kleinen Philanthropinisten haben von 10 bis 11 Latinität bei Feder über Phædri fabulæ, Buschingii liber latinus und über ausgewählte Stücke aus Basedowii liber elementaris und chrestomathia Colloquiorum Erasmi, und von 5 bis 6 Uhr über ausgewählte Stücke aus dem lateinischen Elementarbuch.

Sein Religionssystem veröffentlichte Basedow in der noch im Jahre 1763 erschienenen Philalethie. Seine Ansichten über Religion haben ihre Wurzel in dem Geist, der das Jahrhundert der Aufklärung beherrschte: Kampf gegen das positive Christentum, gegen die Kirche und ihre Satzungen und Rückkehr zur natürlichen oder Vernunftreligion, welche zugleich das wahre Christentum ist. „Vornehmlich aber wollte ich der

Nachwelt zum Besten in diesem Buche (Philalethie) die Macht der Hierarchie bestreiten." (Vierteljährige Nachrichten: I. St., S. 14.) Um diese schon vor Locke bekannten und durch Basedows Zeitgenossen Lord Herber von Cherbury ausgesprochenen Grundsätze kämpfte er in Deutschland, da er kämpfen mufste. Am 23. April 1764 erfolgte von der Verwaltung der Stadt Hamburg ein Erlafs, der alle Schulhalter und Erzieher vor Basedows Methode über Religionsunterricht warnte, und in Lübeck wurden sogar alle vorhandenen Exemplare der „Philalethie" sorgfältig vernichtet und bei einer Geldstrafe von 50 Reichsthalern pro Exemplar jede Neu-Einführung verboten. So ward Basedow, um sich zu verteidigen, zu theologischen Schriften gezwungen. Die Religion ist bei Basedow der Grundstein der Erziehung. „Jetzt schreite ich zur Betrachtung des wichtigsten Mittels," sagt er in seinem Methodenbuch, „welches auf die Glückseligkeit der Personen, der Familie und der Staaten Einflufs hat, und dessen Wirksamkeit in dem reiferen Alter des Menschen von der Erziehung seiner Jugend so abhängt, dafs dieselbe dadurch gehindert, oder befördert, vermehrt oder vermindert, mehr oder weniger vortheilhaft, ja sogar schädlich werden kann. Von der Religion also will ich handeln." Die natürliche Religion hat, nach Basedow, grofsen Einflufs auf die Glückseligkeit, und infolgedessen entwirft er, ähnlich wie Rousseau, ein natürliches Religionssystem. Die Religionsfrage gehört, wie sie Basedow ausführt, unstreitig zu dem Neuen in seinem Schulverbesserungssystem. Er wollte den Unterricht, ohne Betonung der konfessionell trennenden Lehren, so erteilt wissen, dafs er nicht nur für Kinder der Christen, sondern auch der Juden, Mohamedaner, ja sogar der Naturalisten und Zweifler passen sollte. Schlözer meint, dass Basedow, um diese Absicht zu erreichen, in seinem Elementarbuche aufser den hier und da eingestreuten, die Religion betreffenden einzelnen Anmerkungen, nur eigentlich die Lehre von Dasein, Wesen und Eigenschaften Gottes, von der Unsterblichkeit der Seele, ingleichen von der Vergeltung des Guten und Bösen nach diesem Leben vortrage, und also seinen Religionsunterricht auf diese Hauptzüge der sogenannten natürlichen Religion einschränke. „Gedanken über das unbequeme, das verdächtige und unbrauchbare der Basedowischen Erziehungsprojecte." (Bei-

lage zum Versuch über den Kinderunterricht. 1771; Göttingen
und Gotha.)

In Wirklichkeit konnte Basedow jedoch den Gedanken
nicht durchführen, sondern nach dem Rat der in Dessau be-
findlichen Geistlichen und mit Hilfe von Candidaten werden
die Kinder, jedes in seiner Konfession, belehrt, überredet und
überzeugt. Den öffentlichen Gottesdienst findet Basedow auch
sehr nützlich, freilich nicht einen dreistündigen, wo die Kinder
infolgedessen, dafs sie nichts davon verstehen, einschlafen
können, sondern nur einen wöchentlichen Kindergottesdienst,
für den die Schule vorzubereiten hat. In dem von Basedow
in Dessau eingerichteten Betsaal standen auf dem Tisch zwei
Lichter, das eine als Symbol der Natur, das andere als Symbol
der offenbarten Religion. Das war eigentlich nicht die einzige
Spielerei seiner merkwürdigen Einrichtung auf dem praktischen
Gebiete der Religion. Was den Religionsunterricht betrifft, ist
Basedow der Ansicht, möglichst früh anzufangen. Während
Rousseau vor dem 15. Jahre seinem Emil nichts von Gott und
Religion zu lernen giebt, sucht Basedow durch sein Elementarwerk, dessen IV. Buch ausschliefslich der natürlichen Religion
gewidmet ist, jene Belehrung schon früher zu erleichtern. Zuletzt ist erwähnenswert Basedows Forderung, die ganze Bibel
als Lehrmittel in der Schule durch eine Schulbibel zu ersetzen,
also eine Frage, die in der zweiten Hälfte des 19. Jahrhunderts
eine brennende Schulfrage geworden ist.

In Konsequenz seiner philosophischen Ansichten über den
Menschen als erkennendes Wesen hält Basedow jeden Menschen
für verpflichtet, seine Kenntnisse zu vermehren und zu verbessern und die Kräfte des Verstandes zu ihrer Vermehrung
und Verbesserung zu erhöhen; denn „das Vergnügen der Wissenschaften ist grofs". Die der Jugend mitzuteilenden Kenntnisse
müssen aber zu dem Zwecke der ganzen Erziehung in einem
wohlüberlegten Verhältnis stehen. „Nicht viel, aber lauter
nützliche Erkenntnisse." (Methodenbuch: S. 94; nach Göring).
Und so bekämpft er auf der einen Seite die Vielwisserei,
andererseits jedoch läfst er nichts, was für das Leben eines
Bürgers unentbehrlich ist, unbeachtet. In der Lehrordnung
des Dessauer Instituts verlangte man — freilich nur in der
Theorie und höchstens facultativ — neben 3 alten und 3 neuen
Sprachen, neben Religion und Realkenntnissen noch Geschichte,

Geographie, Zeichnen, Musik, Philosophie, Mathematik, Naturkunde etc. Wenden wir uns jetzt zur Betrachtung des Ge-
schichtsunterrichts.

Der Wert der Geschichtskunde liegt nach Basedow bei
dem Unterrichte in ihrer Bedeutung als Ergänzungsmittel
unserer Erfahrung, auf die sich eigentlich die Sittenlehre
und die Klugheitsregeln gründen. Das Ziel der Geschichtskunde bestehet in guten Beispielen, welche die Geschichte der
Jugend zur Nachahmung bietet.

Eine chronologische Ordnung der erhaltenen Erzählungen
ist nicht notwendig, sondern wie bei Rousseau, dessen merkwürdige Meinung auf diesem Gebiete Basedow Wort für Wort
zitiert, werden die Erzählungen unter solchen Titeln gesammelt,
welche Zweck und Gebrauch anzeigen, als: merkwürdige Exempel
dieser und jener Tugend, dieses und jenes Lasters, von grofsen
Menschenfreunden, von Tyrannen, von Lieblingen, Maitressen,
von Glück und Unglück bei Hofe, von grofser Wirksamkeit
kleiner Ursachen etc. Für die Jugend empfiehlt Rousseau besonders Anfangs Lebensbeschreibungen. Doch für Basedow sind
die Hauptsache ein „Hilfsbüchlein der historischen und mit
vielen Kupfertafeln erläuterten Weltkenntnisse" (Philalethie:
S. 328), und gemeinnützige Erzählungen, deren Wahrheit er
auf guten Glauben, aus irgend einem berühmten grofsen historischen Werke, ohne sie selbst zu untersuchen, annehmen
worde. Die Geschichte als eine Hauptwissenschaft der Schulen
erwähnt er noch in seiner Philalethie. Die Übungen in der
Weltgeschichte haben die Zöglinge des Dessauischen Instituts
über Schrocks „Universalhistorie und histoire universelle par
Méllot" gehalten. „Um sich die Einzelheiten genau einzuprägen,
mufsten die Schüler chronologische Tabellen anlegen und nach
und nach die hervorragenden Begebenheiten in dieselben ein-
tragen." (Göring LXXX.) Die Übereinstimmung Basedows mit
La Chalotais und Rousseau ist hier sehr grofs; alle drei fufsen
auf Locke, und vor allem auf den Gedanken ihrer Zeit*), und
Basedow würde wahrscheinlich, auch wenn er Rousseau nicht
gekannt hätte, dieselben Ansichten geäufsert haben.

Für eine Hilfswissenschaft der Geschichte hält Basedow
die Geographie. Trotzdem, dafs die Geographie und Natur-

---

*) Künoldt a. a. O. S. 89 ff.

4*

geschichte bei dem berühmten philanthropistischen Examen in
Dessau unberücksichtigt geblieben sind, räumt er ihnen unter
den anderen Lehrfächern eine bedeutende Stelle ein. In seinem
Elementarwerk spricht er von dem Gebrauch der Landkarten,
von der Erdkugel, deren Gestalt, Gröfse und Bewegung, von
den Ländern und Meeren, Erdteilen, Inseln und zuletzt etwas
über politische Geographie. Von mathematischer Geographie
mögen die Schüler nur die Hauptsätze und gebräuchlichen
Kunstwörter wissen, ohne sich in schwere Beweise einzulassen.
In seinem methodischen Verfahren zeigt sich sehr deutlich der
Einflufs von Rousseaus Methode. „Wir schreiten fort von dem
Grundrisse eines Zimmers, eines Hauses, eines Platzes, einer
Gegend, einer Provinz, eines Landes bis zu Europa; und weiter
eben so, wie oben von der Erziehung der Mädchen gesagt ist.“
(Praktische Philosophie: II. T. 2. Aufl. S. 117.) Zwischen
anderen Unterweisungen dringt Basedow darauf, dafs die Zög-
linge die Karte ihres Vaterlandes etwas genauer durchgehen
und mit Hilfe eines geographischen Registers und der Land-
karte ihr Orientierungsvermögen ausbilden. Karten von Haus,
Stadt, Umgebung etc. zu entwerfen, wie es „Emile“ bei allen
Schwierigkeiten thun sollte, brauchten die philanthropistischen
Zöglinge nicht, aber an zwei auf dem Felde aufgeworfenen
grofsen Halbkugeln, deren Oberfläche sich in Land, Wasser
u. s. w. unterscheidet, und die, damit man darauf gehen und
springen kann, freilich nicht völlig kugelförmig, sondern nur
etwas gebogen sein müssen, lernte man in Dessau Geographie.

Wenn wir die verbreitete Ansicht berücksichtigen, nach
der nur wenige Schüler Talent zur Mathematik haben sollen,
wird uns vielleicht klar sein, warum Basedow in seinen
beiden Hauptwerken: Methoden- und Elementarbuch gar nicht
die Mathematik erwähnt hat. Eine gewisse Vernachlässigung
des mathematischen Unterrichts von Seiten Basedows ist auch
an den geringen Resultaten bei dem in Dessau abgehaltenen
Examen nachweisbar. Doch die von Schlözer in seinem Angriffe
auf Basedows Elementarwerk aufgestellte Behauptung, dafs Basedow einen Erziehungsplan ohne Mathematik vorgeschlagen habe,
wird ohne Zweifel von Niemand als wahr angenommen werden.
Schon als Privaterzieher hat er spielend, leicht und angenehm
seine Rechenkunst ausgeübt. Durch Vorzeigen von Erbsen,
Weizenkörnern und Zerschneiden eines Apfels oder einer Birne

und deren kleinerer Teile konnte er die Lehre von Brüchen
in $\frac{1}{2}$, $\frac{1}{3}$, $\frac{1}{4}$, $\frac{1}{6}$ etc. mit gröfserer Geduld seinem Zögling bei-
bringen. Chr. Heinrich Wolke berichtet uns auch, dafs er
selbst durch Herrn Prof. Busch in Hamburg, um Mitarbeiter
in Naturkunde und Mathematik zu werden, zu Basedow nach
Altona gekommen sei, und Basedow selbst hält die Mathematik,
insbesondere die Geometrie für einen der ersten Unterrichtsgegenstände. Ein Jahr vor dem Erscheinen des grofsen Werkes
veröffentlichte er eine „Arithmetik zum Vergnügen und Nach-
denken", eine „Theoretische Mathematik" und im folgenden
Jahre 1774, seine „Bewiesenen Grundsätze der reinen Mathematik", also drei Werke, welche jedenfalls den im Elementarwerk über Mathematik fehlenden Teil ersetzen sollten.

Wie bei Locke und Rousseau, so vermissen wir auch bei
Basedow die rechte Wertschätzung des idealen Gehaltes der
schönen Künste für die Erziehung. Es ist wirklich merkwürdig,
wie diese drei grofsen Männer mit ihren Gedanken über ästhe-
tische Erziehung von verschiedenen Standpunkten aus, zu einem
und demselben Resultate kommen. Locke schlug die Bedeutung
der Künste sehr niedrig an, aber als Erzieher eines Gentleman
läfst er sie in seinem Erziehungsplan insoweit, als sie für den
zukünftigen Stand seines Zöglings nötig sind. Rousseau hielt,
wie es von seinem „Discours sur les sciences et les arts" bekannt
ist, alle Künste für die Ursache der Korruption der Sitten.
Als Feind der Kultur und aller Künste konnte er sie nicht
für ein Bildungsmittel halten. Basedow gewährt ihnen auch
keinen besonderen Platz, doch ausgehend von dem Prinzip der
Nützlichkeit fällt er nicht in Rousseaus Extrem. Die freien
Künste, wie Turnen, Reiten, Tanzen, Fechten, Schwimmen,
Bergklettern, andere aus dem Wasser retten, über schwaches
Eis kommen, sich gegen Hunde mit Stöcken wehren, sind von
Basedow aufs wärmste empfohlen und in Dessau mit Eifer
getrieben, nicht nur deswegen, weil sie gute Mittel für die
physische Erziehung sind, sondern auch, weil sie sehr nützlich
für das künftige Leben sein können. „Gewöhnlich hat jeder
Knabe," sagt Basedow, „bis zu seinem 16. Lebensjahre vier Stun-
den täglich Zeit zu Vorübungen des wahren männlichen Lebens."
Dem Tanz aber schrieb er einen eigentümlichen Einflufs zu:
„Was das Tanzen betrifft, so glaube ich wirklich, das menschliche Geschlecht wäre glücklicher, wenn Alles im Hause wöchent-

lich wenigstens einmal tanzte." (Pinloche: Geschichte des
Philanthropinismus; S. 226. E. W., VI, 15.) Zu den Künsten
der Bewegung rechnet Basedow auch die aufserordentlichen
Leistungen des Taschenspielers und des Kunstreiters. Zur Be-
wahrung vor jedem Aberglauben und Betrug rät er, dafs die
Kinder ihre Eltern bitten, einen oder mehrere Künstler dieser
Art zu bezahlen, um ihre Geschicklichkeit vor den Kindern
auszuüben und zu erklären.

Von der Musik urteilt Basedow: „sie sei eine der vorzüg-
lichsten Vergnügungen", und deswegen soll die Jugend sich
mit den verschiedenen Gattungen der Musik bekannt machen.
Ausbildung des Gehörsinns als erster Zweck der Musik ist für
ihn im Gegensatz zu Rousseau eine untergeordnete Sache.
Basedow steht überhaupt mit seinen musikalischen Kenntnissen
auf keinem festen Boden. „Weil die Flöte und Geige nicht
zugleich Diskant und Bafs hat, wie die Harfe und das Klavier,
so scheinen jene Instrumente zu musikalischen Anfangsübungen
die tauglichsten. Vielleicht aber sollten die Singübungen das
Erste sein, wobei der Meister auf dem Klavier accompagnieren
könnte." (Elementarwerk: II. B. S. 441.) Abgesehen davon,
dafs Basedow der Musik und ihrer pädagogischen Verwendbar-
keit nur wenige Zeilen widmete, fehlte in dem Philanthropin
nichts, was die Entwickelung des musikalischen Geschmacks
bei den Kindern fördern konnte. Aufser den für Musik bestimmten Stunden wurde jeden Samstag auf Kosten der Anstalt
ein Konzert gegeben. „Eine Strophe zur rechten Zeit," sagt
Basedow, „konnte manche schädliche Laune unterbrechen", und
für jede Frauensperson, deren Erziehung hauptsächlich darauf
hinzielen soll, ihre Person, ihren Umgang angenehm zu machen
und zu erhalten, wird es nach ihm sehr nützlich sein, sich im
Gesang zu üben.

Die bildenden Künste hat Basedow nicht vernachlässigt.
„Die Gärtnerei, Baukunst, Bildhauerkunst, die Poesie und Ton-
kunst, der Tanz und andere Künste bieten unserem natürlichen
Geschmack auf Schönheit und Harmonie viel Vergnügen an,
besonders, wenn wir uns in der Jugend bemüht haben, wenigstens etwas von den Regeln dieser Künste zu wissen." (Elem.
W. II. 267; zitiert von Hahn S. 65.) Zeichnen, Malen und
Kupferstechen sind nicht nur theoretisch, sondern auch praktisch im Philanthropin vertreten. Diese unschuldigen Ver-

gnügen, wie sie Basedow nennt, sind jeder wohlerzogenen
Jugend unentbehrlich. Die grofse Bedeutung schön ausge-
wählter Bilder für die moralische Bildung leugnete Basedow
nicht, und er selbst versprach, einen Künstler im Zeichnen,
Malen und Kupferstechen in seinem Philanthropin anzunehmen.
Die Hauptrolle bei der Kunsterlernung spielt die Übung. „Man
würde lachen," sagt er in seiner „Praktischen Philosophie", „wenn
ein Tanzmeister in seinen Lehrstunden sich bei den mathematischen Beweisen des Gleichgewichts aufhielte und Ermah-
nungen vordeklamierte, ihnen Folge zu leisten." (2. Aufl. II. T.
S. 49.) Ein nicht geringeres Verdienst hat sich Basedow mit
der praktischen Einführung der bis jetzt vernachlässigten Handarbeit in die Studienpläne der Schulen erworben. Basedows
und Rousseaus Gedanken auf diesem Gebiete stimmen vollen
ständig überein. Das letzte Ziel des Handarbeitsunterrichts ist
nicht nur die physische Entwickelung des Zöglings, sondern
nach Rousseaus Ansicht eine Garantie für die Sicherheit und
Freiheit seiner Existenz. In der engen Verknüpfung von Hand-
fertigkeit und Realkenntnissen wiederholen Basedow und Rousseau Ideen, die sich schon bei Locke und Comenius finden.
Die Übungen in ihr sind eine wahre Vorschule des Lebens,
deren Gemeinnützigkeit Niemand bestreiten kann, und als
einen Teil der allgemeinen Bildung verlangten sie diese Männer von jedem Schüler. Um seinen Zögling in diesem Leben
erfahren zu machen, führte ihn Basedow in die Werkstätte
eines Tischlers, Drechslers, Schmieds, Zimmermanns, Gärtners ·
und liefs ihn ein paar Tage bei einem Fischer, Bauer, Jäger etc.
zubringen. Die für ihre Vergnügen nötigen Werkzeuge: Wagen,
Kreisel, Stöcke und andere Holzwerke sollen sich die Kinder
selber verfertigen. „Alle Handwerke, alle Künste, alle Arten
der Stände und Gewerbe wollte ich, sagt Basedow, der Jugend
bekannt machen", und im sechsten Buch seines Elementar-
werkes spricht er ausführlich über die Beschäftigungen und
die Stände der Menschen. Ohne Zweifel mag er den Anstofs
dazu von Rousseau erhalten haben, doch die Quelle dieser Gedanken beider Männer wird wohl Locke sein, der ebenfalls
darauf dringt, dafs man mit den Kindern verschiedene Werk-
stätten, Kaufläden, Marktplätze besuchen solle, „denn schon
gemäfs seiner (Basedows) ersten Erziehungsschrift von 1752
soll der Zögling „de opificiis, mercatura, pecuniaria: de variis

victum amictumque parandi modis unterrichtet werden." (Inusitata Methodus § 1; zitiert von Hahn S. 99.) Eine ähnliche Stelle ist auch in seiner „Praktischen Philosophie" vorhanden. Komensky beschäftigte die Brauchbarkeit des Lehrstoffes im Leben auch sehr. In der „Schola vernacula" solle der Knabe mit den einfachsten Kunstgriffen der Handwerke bekannt werden, sei es, damit er nicht mit dem, was täglich im menschlichen Leben vor sich geht, völlig unbekannt bleibe, oder auch, damit sich leichter die natürliche Anlage und Neigung zu irgend einem derartigen Berufe kundgebe. „Wenn man diese Norm verfolgt, dann wird den Jünglingen und zwar nicht nur denen, die in die Schola latina eintreten, sondern auch denen, die sich dem Ackerbau, dem Handel, dem Handwerk widmen, nirgends mehr etwas so Neues vorkommen, dafs sie nicht schon hier davon einen Vorgeschmack genossen hätten." (Comenii opera omnia. pars I. pag. 174.)

IV.

Schluss.

Nachdem Pinloche in seinem verdienstvollen Buch: „Geschichte des Philanthropismus" Basedow einen Mann „mit grofsen Projekten und kleinen Ansichten" genannt hat, räumt er am Schlufs doch ein, dafs man „einen ehrenvollen Platz in der Geschichte der Kultur doch Männern nicht absprechen kann, deren unschätzbares Verdienst es war, ungeachtet ihrer Schwächen, Irrtümer und sogar Fehler eine der bedeutendsten Reformen hervorgerufen zu haben." (S. 455.) Ganz recht! Die Philanthropisten liefsen nichts unberührt, was einer modernen Erziehung zu Gute kommen konnte. Als Begründer und Hauptrepräsentant der Philanthropisten betrachtet man Johann Bernhard Basedow mit Recht. Er widmete sich mit Leib und Seele der Jugenderziehung und seinen Mitmenschen nützlich zu werden, war das einzige Ziel seiner Thätigkeit.

Schöpferisch war er nicht und es ist nicht unerklärlich, dafs er Grundsätze eines eigenen Systems auf dem Gebiete der Philosophie und speziell der Pädagogik nicht ausspricht.

Als Philosoph wich er in seinen Gedanken von Wolf, Leibniz, Crusius und anderen Vertretern der damals herrschenden Schulen nicht viel ab, und bildete sich eklektisch nach und nach seine persönliche philosophische Meinung. Auch die Sturm- und Drangperiode blieb ihm nicht fremd, aber als eigentlich leitende Grundsätze von Basedows Philosophie haben wir die Ideen anzusehen, welche der aufgeklärte Rationalismus in Übereinstimmung mit dieser Sturm- und Drangperiode aufweist. Seine feurigen Wünsche, seine Thätigkeit und seine Bemühungen zielten auf menschliche Vollkommenheit und individuelles Recht ab. Schon ehe Basedow Rousseau kennen lernte, wählte er sich als Mittel, die Menschheit von ihrem Elend zu befreien, die Erziehung. Er wollte durch die Erziehung ein neues menschliches Geschlecht schaffen. Doch es wäre ganz unrecht, wenn man annähme, dafs Basedow seinen Platz in der Geschichte der Kultur Rousseau zu verdanken habe. Überblicken wir die Resultate unserer Darlegung, so ergiebt sich nichts weiter, als, dafs Basedow zurückgeht auf die Gedanken von Locke, Comenius, Ratke, Michel Montaigne, Fleury, La Chalotais, Ehlers, Gesner etc., die er so gut kannte und nicht selten sogar in seinen Schriften sprechen läfst. Aber Basedows grofse That besteht nicht darin, dafs er die seit Jahrhunderten ausgestreuten Gedanken auf dem Gebiete der Pädagogik zusammengebracht hat, sondern in der Art und Weise, wie er es gemacht hat, um sie zu einer praktischen Verwendung brauchbar zu machen. Sehr zu statten kam ihm, dafs die Zeit seiner Thätigkeit gerade in die Übergangsperiode des 18. in das 19. Jahrhundert fiel, also in die Zeit, wo dank der starken Einwirkung von Rousseaus Naturevangelium, besonders in Deutschland das Publikum mit Begeisterung jede Umwälzung des Erziehungssystems annehmen mufste. „Der ergiebige und bereits auf mehrere tausend Reichsthaler sich belaufende Beitrag hoher und niedriger Schulfreunde zu diesem Vorhaben des Herrn Professors ist ein Zeichen eines sattsamen Gefühls der sogenannten gesitteten Stände des Publikums, dafs die Schulen heutzutage sehr verfallen oder wenigstens für die Kinder ihres Standes noch allzusehr nach dem altväterischen Geschmack, den man auch den Schlendrian zu nennen pflegt, eingerichtet sind; er ist ein Zeichen, dafs Hohe und Niedrige eine Schul-

verbesserung sehnlich wünschen und gern dazu die Hand bieten
wollen." (Schlözer: Einige Gedanken über Basedows Schul-
schriften; S. 5.) Nicht weniger zu einem guten Erfolg haben
Basedows Propaganda und einflufsreiche Anhänger, die er sich
gewonnen hat, beigetragen.

Hat auch Basedow keine absolut neue Theorie über die
Erziehung erfunden, so wird sein Ruhm, dafs der Segen seiner
Schule nicht nur Deutschland, sondern allen kultivierten Ländern Europas zu Gute kam, ewig bleiben, und Deutschland soll
stolz sein auf den Mann, der ihm in der Zeit der grofsen Er-
eignisse, welche Europa so tief erschütterten und mit unwider-
stehlicher Gewalt die Grenzpfähle vieler Staaten verrückten,
ein Besitztum gab, das kein Eroberer, mochte er auch Napo-
leon heifsen, ihm entreifsen konnte.

Was die Stellung Basedows in der Geschichte der Kultur
betrifft, so haben ihn als einen Mann, der Erziehung und
Unterricht von Unnatur, Gewaltsamkeit und Unfruchtbarkeit
der überlieferten scholastischen Methode zu lösen und eine
freiere Auffassung und Behandlung, wie sie Natur und Vernunft forderte, zu verwirklichen strebte, schon seine Zeitgenossen als dritten Mann zu Locke und Rosseau
gestellt. Rousseaus Einflufs auf Basedow ist nicht zu leugnen, aber Basedow baut nicht auf Grundsätze, die er von
Rousseau entlehnt hat, und „den Philanthropismus als pädagogische Richtung blofs als Rousseau'schen Ableger zu betrachten, ist gänzlich unberechtigt."

➤┼╫╫┼◄

www.ingramcontent.com/pod-product-compliance
Lightning Source LLC
Chambersburg PA
CBHW022154020726
47496CB00008B/2706